AF360855

PAUL GINISTY

Lettres Galantes du Chevalier de Fagnes

4ᵉ mille

EDITIONS BAUDINIÈRE

27 bis, Rue du Moulin-Vert

PARIS (14ᵉ)

LETTRES GALANTES
DU CHEVALIER DE FAGNES

PAUL GINISTY

publie les

Lettres Galantes
du Chevalier
de Fagnes

EDITIONS BAUDINIERE
27 *bis*, rue du Moulin-Vert
PARIS

AVANT-PROPOS

BOULOU-BOULOU

Je dois dire comment ces lettres, témoignage de la vie intime d'une époque qui a gardé son prestige, de ce XVIIIe siècle nous apparaissant souriant et léger, préparant, cependant, un des plus grands drames de l'histoire, sont tombées entre mes mains.

Je me reporte aux années qui précédèrent la guerre. Une vieille amitié m'unissait à M. de R... qui, reprenant la suite des affaires paternelles, avait dû s'installer dans la petite ville d'Avesnes où il dirigeait une importante industrie. Trois heures de chemin de fer séparent parfois complètement d'anciens camarades, quelque affection qu'ils aient gardée l'un pour l'autre. Ce n'était pas notre cas. M. de R... était obligé à quelques séjours à Paris ; de mon côté, malgré la difficulté de s'évader, même pour très peu de temps, de la vie parisienne, j'avais plaisir à venir passer un jour ou deux dans une maison où j'étais assuré d'un fraternel accueil.

Je me revois montant, à Avesnes, la longue et large rue où s'élève l'Hôtel de Ville, avec son perron à double rampe d'accès et qui aboutit à une place que domine le clocher de l'église. La maison de M. de R... se trouvait sur cette place. Cette maison respirait le calme et le bien-être. Elle abritait une famille charmante, parfaitement unie, qui ne pouvait imaginer les malheurs qui fondraient sur elle et la disperseraient. M. de R...

était entouré de sa femme, de ses deux gendres, qui prenaient part à ses affaires, et de ses petits-enfants. Le vieux logis, construit dans le milieu du XVIII° siècle, avait été modernisé, mais avec goût, en respectant ce qui méritait d'être conservé. Je me souviens, dans la salle à manger, des murs sur lesquels étaient peintes des scènes villageoises dans le goût du temps, un peu effacées. M. de R... déclarait, en souriant, qu'il n'avait pas grand goût pour les vieilleries : il n'en tenait pas moins en considération quelques meubles vénérables, au type court et trapu des tailleurs de bois du Nord, encore qu'il menaçât parfois de les reléguer au grenier, ce qui était souvent un sujet de tendres discussions familiales.

Années heureuses, que devait rejeter loin la terrible coupure des événements ! Je me rappelle, dans une petite pièce, entre la salle à manger et le salon, au-dessus d'une commode en bois des Indes, un portrait d'homme en habit de satin puce, la perruque mise un peu de travers, la main appuyée sur une canne. L'œuvre était médiocre ; le visage était, cependant, expressif. Il avait une rudesse cordiale, sous les crispations qui semblaient trahir des souffrances physiques impatiemment supportées. Dans la maison, on avait d'abord appelé le modèle de ce portrait « le vieil oncle ». Les enfants, par caprice, l'avaient surnommé Boulou-Boulou, et ce surnom avait prévalu.

— J'avoue, me dit M. de R..., un jour que je le questionnais, car ce portrait était, malgré tout, attachant, que je ne sais pas grand'chose de cet ancêtre... Je crois seulement que, avant qu'il fût irrespectueusement pourvu par ma marmaille de ce sobriquet de Boulou-Boulou, il

se nommait M. de Quiévelon. La tradition, qui faisait de lui « le vieil oncle » indique sa parenté, avec ceux dont je suis issu... J'ai bien, dans un tiroir, quelques papiers de famille que j'avais commencé à déchiffrer, mais ce sont des investigations qui demandent du loisir, et vous dirai-je que l'avenir de mes petites têtes blondes me préoccupe plus que les fantômes du passé. Nous ne prétendons aucunement, d'ailleurs, à une illustre origine, et si je me décide à ranger méthodiquement ces papiers, ce ne sera que par goût de l'ordre. Mais j'ai tant à faire avec les choses d'aujourd'hui !

J'aimais à me retrouver dans cet intérieur aimable, où je ne rencontrais que les bons côtés de l'existence provinciale. Hélas ! cette sérénité devait être brusquement troublée. Ce fut le coup de tonnerre d'août 1914, la guerre, et, bientôt l'invasion. Les deux gendres de M. de R... avaient rejoint leur régiment : l'un d'eux fut tué au début des hostilités ; l'autre ne devait revenir que mutilé. M. de R... avait assuré le départ de sa femme, de ses filles et de leurs enfants. Pour lui, il était resté, ne voulant s'éloigner qu'après avoir, au prix de tous les sacrifices, pris ses dispositions pour rendre moins pénible, pendant aussi longtemps que possible, le sort du personnel qu'il employait.

Ce ne fut que quelques heures avant l'entrée de l'ennemi dans Avesnes qu'il se détermina à quitter, non sans grandes difficultés, la ville où sa présence avait cessé d'être utile, puisqu'il n'y exerçait pas de fonctions publiques. Il s'était laissé devancer par les événements ; il ne pouvait plus rien emporter. Mais la pensée que les envahisseurs pourraient fouiller dans tout ce qui constituait la vie intime de son foyer, le révoltait. Il fit, en hâte, un tas des papiers que contenaient des tiroirs et les jeta, après les avoir enveloppés d'une toile cirée, dans un coffre ancien en cuivre. Aidé par un domestique très sûr (je me souviens qu'il s'appelait Guillaume), il transporta ce coffre dans le jardin. Guillaume creusa un trou pour l'y enfouir, pressa M. de R... de partir et lui promit que la cachette, dont il repérerait soigneusement l'emplacement, ne pourrait être soupçonnée.

Puis ce furent les quatre terribles années. Aux malheurs publics, se joignirent pour M. de R... des malheurs privés. Il fut accablé par des deuils successifs. Je le revis, après la guerre, et j'eus un serrement de cœur en l'apercevant. D'inguérissables chagrins avaient fait de lui un vieil homme. « J'ai été trop heureux, me dit-il ; j'expie maintenant ce bonheur ; me voici presque seul ! » Il savait que sa maison d'Avesnes était encore debout, mais qu'elle avait été dévastée. Il ne se sentait pas le courage de retourner dans la ville longtemps occupée par l'ennemi. Il ne prit ce parti qu'en songeant à ceux qui avaient dépendu de lui, et qui attendaient de sa part une décision.

Quel douloureux contraste avec un souriant passé quand il franchit la porte de cette maison, qui avait été une maison bénie, et qu'il retrouvait ravagée ! Des pièces étaient vides et des tentures arrachées pendaient jusqu'au parquet. Les meubles qui n'avaient pas été enlevés avaient été brisés. Il n'y avait plus, dans le salon, qu'un monceau de débris. Les tapis, déchirés, étaient ignoblement souillés. En passant dans la petite pièce qui précédait la salle à manger, M. de R... constata que le portrait qui se trouvait au-dessus de la belle commode — disparue — avait été crevé, et, d'une façon manifeste, volontairement.

— Lui aussi ! s'écria-t-il.

Boulou-Boulou demeurait comme le témoin cruellement blessé de ces déprédations.

M. de R... fut tenté de fuir à jamais ce logis martyrisé, où ne reviendraient plus tous ceux qu'il aimait. Le sentiment du devoir envers les braves gens qui comptait sur lui le retint. Il se remit à l'œuvre, s'occupant d'abord, par des moyens de fortune, de rendre du travail à ses ouvriers.

Quelques mois plus tard, je revins à Avesnes. La maison avait été, assurément, nettoyée et remeublée, mais, avec toutes ces choses neuves, elle n'avait plus son âme. La volonté de M. de R... le soutenait, quand il songeait aux autres, mais il était visible qu'il trompât, par de l'activité, son désarroi moral.

Je lui demandai s'il avait retrouvé les papiers qu'il avait fait enfouir. Il me répondit qu'il ne savait ce qu'était devenu Guillaume et que le jardin, longtemps abandonné, avait pris un aspect trop différent de celui qu'il avait connu pour qu'il entreprît des recherches avec quelques chances de succès. Des documents, relatifs à ses affaires, lui eussent été, cependant, fort utiles.

Ce fut peu de temps après cette conversation que Guillaume reparut. Il avait eu des aventures semblables à celles que coururent bien des réfugiés. Servi par son instinct encore plus que par sa mémoire, il découvrit le coffre. M. de R... se préoccupa d'abord des pièces dont le défaut lui avait été sensible.

Plusieurs mois se passèrent avant que je pusse faire à mon ami une autre visite. Il m'apparut très affaissé. Il semblait qu'il n'eût plus le ressort de vivre. M. de R... affecta, cependant, par délicatesse envers moi (cet affligé cherchait à n'affliger personne) de se sentir en de meilleures dispositions.

— Il faudra, me dit-il, que vous vous arrangiez pour venir passer quelques jours ici. Dans ces papiers dont je vous ai parlé, j'ai trouvé quelques anciennes lettres qui pourront vous intéresser, vous qui fouillez volontiers dans le passé... Nous les examinerons ensemble.

Le désir qu'il exprimait ne put être réalisé. Pendant un voyage que je dus faire, M. de R... mourut. Le mal qui le minait l'avait emporté plus tôt qu'on ne le pensait. J'avais reçu avec une douloureuse émotion la nouvelle de sa fin.

Du temps encore s'écoula. Un petit paquet m'arriva, un jour, de la part de celui de ses gendres qui avait survécu. Se sentant à bout de forces, M. de R... avait pensé à notre conversation, à ce dépouillement projeté d'une correspondance d'ancienne date. Il m'avait légué ces papiers, qu'il n'avait pu classer, avec la liberté d'en user à ma guise.

Ce paquet contenait les lettres écrites, de Paris, entre 1770 et 1772, par le jeune chevalier de Fagnes à son oncle, M. de Quiévelon — celui que les enfants avaient surnommé Boulou-Boulou.

La physionomie de « Boulou-Boulou », que je reconstituai à l'aide de quelques notes, jointes aux lettres elles-mêmes, ne laissa pas que de m'apparaître assez originale. Je découvris en M. de Quiévelon un vieil homme, qui avait eu le goût des aventures. Il n'avait pas eu le temps de le satisfaire. Une lieutenance dans le régiment de Penthièvre lui avait permis de faire ses débuts militaires dans le corps commandé par M. d'Aubigné, pendant la campagne de Bohême. Il rêvait toutes les gloires, se plaisant à imaginer qu'il devrait à sa bonne mine d'autres conquêtes aussi que celles qu'il ferait sur l'ennemi. Il avait rejoint son corps en face de Budweis, en plein hiver. « Il est fâcheux, écrivait alors le maréchal de Belle-Isle au ministre, qu'on ait à remuer des troupes dans une saison aussi rude. » M. de Quiévelon arrivait dans un moment où la situation était assez critique. On avait cru, après la prise de Prague, que l'armée autrichienne se retirerait en Moravie : elle reparaissait soudain. M. d'Aubigné hésitait à tenter une attaque : le bouillant M. de Quiévelon, qui souhaitait se distinguer, ne prit part qu'à des marches et contre-marches harassantes. Il fallait, cependant, effectuer le passage de la Moldaw. Le jeune officier reçut non sans une fierté qu'il exagérait un peu (car d'autres étaient occupés au même soin) la mission d'étudier un des points de passage. Il se flattait d'être chargé d'une lourde responsabilité. Il était si attentif à sa tâche que, jetant les yeux de l'autre côté de la rivière, il ne vit point, sous ses pas, une sorte de marais, dans lequel il chut. L'eau était glacée ; il s'enlisait dans un fond mouvant. Il fut longtemps avant que du secours lui vînt. Quand on le tira de cette fâcheuse situation, il était en piteux état. Il pensa d'abord que sa constitution solide aurait le dessus. Mais il devait rester irrémédiablement perclus de douleurs, et incapable de servir. Sa carrière était finie avant d'avoir commencé. Adieu, toutes les ambitions ! Il fut obligé d'aller se retirer, vivant désormais d'une existence de petit gentilhomme peu fortuné, dans sa maison patrimoniale du Hainaut.

Il ne se consolait pas de n'avoir pas eu ces aventures, auxquelles il s'était cru destiné. Cloué dans son fauteuil, ou marchant péniblement, il imaginait qu'elles eussent été des plus extravagantes et qu'elles lui eussent laissé de riches souvenirs. Des souvenirs, sa mauvaise chance ne lui avait pas donné le temps d'en avoir. Il ne pouvait se rappeler, d'un bref passage à l'armée, que sa chute dans un marécage, où il avait failli rester, et ses infirmités qu'il devait à ce malencontreux hasard.

Il avait eu à s'occuper, dès l'enfance de celui-ci, de son neveu, le chevalier de Fagnes, qui avait perdu ses parents de bonne heure. Avec le fond d'humeur romanesque qui était en lui, M. de Quiévelon l'avait élevé selon ses idées, c'est-à-dire assez loin de la vérité prosaïque. L'adolescence du chevalier lui avait paru trop sage. Il eût voulu moins de raison naturelle et de placidité chez ce jeune garçon, d'ailleurs bien fait de sa personne. Il ne l'entretenait que d'exploits — qui eussent été les siens, sans ses douloureux rhumatismes — et des conjonctures singulières dans lesquelles pouvait être jeté un homme entreprenant, décidé à courir tous les risques. Une certaine application du chevalier à l'étude fâchait presque le bon M. de Quiévelon : en a-t-on besoin pour devenir une manière de héros? Aussi avait-il pris soin de le rendre adroit à tous les exercices de corps, pour vaincre un reste de timidité.

Quand le chevalier de Fagnes eut atteint sa vingtième année, M. de Quiévelon sourit à un dessein qu'il avait formé. Les aventures qu'il ne lui avait pas été permis de poursuivre par lui-même, en raison de son misérable état de santé, le jeune homme les chercherait. Il les lui con-

terait, en des lettres qui les rapporteraient fidè-
lement, et l'impotent se plairait à des récits qui
lui représenteraient, selon ses conceptions, la
vie qu'il n'avait pas eue, mais qu'il avait am-
bitionnée. Il soufflerait au jouvenceau son âme
de rêveries et de chimères. A ces aventures, re-
tracées toutes chaudes, il se figurerait avoir pris
part. Il aurait désormais un aliment réel aux
appétits de son imagination.

C'est pourquoi, malgré la médiocrité de ses
ressources, il se décida aux sacrifices nécessaires
pour envoyer le chevalier à Paris.

A l'assaut de Prague, Chevert avait dit au gre-
nadier qu'il désignait pour entrer le premier
dans la place : « — Tu vois cette sentinelle?
— Oui, mon colonel. — Elle va te dire : « Qui
va là? » — Oui, mon colonel. — Avance toujours. — Oui, mon colonel. — Elle tirera sur
toi et te manquera. — Oui, mon colonel. — Saute
sur elle ! » Ainsi, M. de Quiévelon avait dit au
chevalier de Fagnes : « — Tu vois Paris ?... Il
s'agit d'y entrer à ton honneur... Tu auras des
mécomptes... Tu avanceras toujours... Tu t'im-
poseras... Tu batailleras, séduiras les femmes,
tu seras aimé d'elles, les hommes te craindront,
et tu feras une brillante fortune... »

On verra que, après bien des déboires, le chevalier de Fagnes réussit à Paris, mais non exactement selon les vues de son oncle.

Ce sont ses Lettres que l'on publie. Elles montrent ce jeune provincial d'abord assez décontenancé et défiant, tirant assez mal son épingle du
jeu, puis, sans doute soutenu par les admones-
tations et les encouragements de M. de Quiévelon,
s'enflammant pour la conquête du sort glorieux
auquel il lui avait été ordonné de prétendre.

Assurément, cette correspondance n'offre pas

de révélations. Mais elle présente un tableau de la vie intime de Paris, vue avec des yeux neufs, et, tout d'abord, avec une fraîcheur d'impressions qui a aujourd'hui son prix. Elle contient des détails pittoresques sur de menus événements qui relèvent, cependant, de l'histoire. Rien n'éclaire mieux sur une époque que des lettres sans apprêt, toutes privées, dont l'auteur n'imaginait point qu'elles pussent être un jour recueillies. Au demeurant, par leur ordre de dates, elles forment une manière de petit roman.

Les quelques notes laissées par M. de R... ne donnent que peu d'indications permettant de suivre l'existence du chevalier de Fagnes, après ce qu'il a conté de lui-même. Après quelques retours dans le Hainaut, il passa son temps entre Paris, qu'il habitait, et Genève, où l'appelaient ses affaires. Eut-il quand, en 1789, il fut question de la convocation des Etats-Généraux, la velléité de se mêler à la vie publique, en jouant, tout au moins, un rôle dans l'élection de la députation de son pays natal? Il dut, alors, partager la fièvre qui s'emparait de tous les esprits, mais il semble qu'il traversa paisiblement la Révolution. Il mourut dans les premières années de la Restauration (1). Il était sans doute de ceux qui, pour avoir vu les contrastes de tant de régimes, avaient pris quelque philosophie (2).

---

(1) En mai 1816, d'après l'inventaire de ses biens (Archives de M⁰ Chaumont de Rieux, notaire à Paris).

(2) Son acte de baptême se trouvait dans les papiers de M. de R. — « René-Maurice-Armand, fils de Charles d'Aublain, baron de Fagnes et de Michelle Ardant, a été baptisé par moi soussigné, prêtre. Nommé par Messire Armand de Soignes, chevalier de l'Ordre royal et militaire de Saint-Louis et dame Renée de Baives, le 5⁰ jour de mai 1750, et ont signé les parrain et marraine, Noyon-Croix-d'Helpe. A. Reuillier, prêtre. »

I

L'arrivée a Paris

Ce 10 de mars 1770.

Quelle ville que Paris, monsieur, et comme il est difficile à un homme qui n'est point au fait des pièges qui y attendent l'étranger, d'y échapper, tout d'abord ! N'est-ce pas assez que d'être étourdi par tout ce mouvement ? Il faut sans cesse être sur ses gardes et se défier de tout. Sans doute acquerrai-je l'expérience pour n'être pas exposé à tant d'embûches dans cette grande ville. Mais je n'ose dire que ce ne sera pas encore à mes dépens. Hélas ! où est l'honnêteté des habitants de notre province, et la sûreté de leur commerce ?

Je suivis exactement vos instructions, au débarqué du coche. Je me fis conduire à l'auberge de la *Salamandre*, où vous descendîtes jadis, lors de votre voyage à Paris, voici quelque vingt ans. Vous y trouvâtes, m'aviez-vous dit, un hôte accueillant. Celui qui lui a succédé n'a pas hérité de cette affabilité. Il examina d'un air dédaigneux mon bagage, sembla me toiser du regard, s'enquit, en premier lieu, de la dépense que je comptais faire. Cette façon de me dévisager me déplut : il est vrai que notre état de fortune est modeste, par suite des sacrifices que vous vous imposâtes pour le service du roi, mais je porte un nom qui me permet quelque fierté. Au demeurant, vous aviez mis dans ma bourse une somme suffisante pour attendre l'issue de mes démarches, et je ne me sentais pas à la merci de ce croquant.

Dans l'embarras où j'étais, j'allais, cependant, accepter un médiocre gîte dans un hôtel de la même rue, lorsqu'un passant, qui m'observait, me fit signe qu'il me voulait parler. Il me parut le plus poli du monde. — Monsieur, me dit-il, il se voit que vous êtes un gentilhomme tout novice à Paris. Souffrez que je vous donne un bon avis : n'allez point vous faire écorcher dans ce taudis. Je vous indiquerai un meilleur logis, fort propre, et où on aura pour vous mille égards.

Il s'exprimait avec tant de bonne grâce et de courtoisie qu'il m'inspira confiance ; il protestait qu'il ne fût, en la circonstance, qu'un mentor désintéressé. Je me laissai conduire par lui dans une maison du carrefour Bussy, où je fus reçu par une femme d'âge, d'apparence respectable, qui m'assura qu'elle voulait du bien aux jeunes gens de famille. Je lui confessai alors que j'étais contraint à faire durer quelque temps l'argent dont j'étais muni. Elle sourit, et me dit aimablement qu'un cavalier tel que moi aurait tôt fait de n'être plus tenu à compter de près. Puis elle m'avertit de me défier de l'engeance des filous qui rôdent dans Paris et elle m'offrit de déposer ma petite fortune dans sa propre armoire, dont elle eut scrupule à me remettre aussitôt la clef, en me disant que ce serait là meilleure sûreté que porter cet argent sur moi.

Le conseil me parut bon, et je ne conservai que deux louis dans ma poche.

Mon obligeant guide et la vieille ne se firent pas faute d'insister sur les dangers de la ville. Je crus même que, dans un esprit de bienveillance, ils exagéraient un peu, pour m'obliger à la prudence. Ce ne furent qu'histoires où de jeunes provinciaux avaient été dupés. Mon hôtesse, baissant la voix, m'engagea aussi à ne pas céder aux entraînements faciles de Paris et d'être délicat dans mes bonnes fortunes, car, dit-elle, ce que laissent les voleurs, les filles vous le prennent. Enfin, Monsieur, ce furent les plus sages avis qui pussent être donnés.

Je fus voir M. Maillevent, cet officier du roi qui passa l'an dernier, dans notre Hainaut, et qui nous offrit ses services à Paris. J'eus grand peine à le rencontrer. Hélas, j'éprouvai une assez vive déception. Le héros de la campagne de Bohême que vous fûtes l'avait pris pour un militaire.. M. Maillevent n'est officier du roi qu'en ce sens qu'il fut attaché aux cuisines du château, et il n'occupe même plus ce poste ; c'est dire que son crédit est mince et que c'était s'abuser que de compter sur son appui.

Mon hôtesse m'avait convié à souper. Vous m'eussiez blâmé de ne pas vouloir faire les frais de ce repas. L'homme poli se chargea du menu, et, tout en déclarant qu'il l'entendait des plus simples, fit si bien qu'il m'en coûta plus d'un louis. Puis je m'en allai coucher.

J'eus, Monsieur, une grande surprise, le lendemain. J'appris, par une servante, que la maison n'appartenait point du tout à la vieille, qu'elle avait loué seulement pour vingt-quatre heures les deux pièces dont j'occupais l'une, et qu'elle avait disparu, en disant que je payerais. Une grande inquiétude me saisit : je demandai à être conduit dans la chambre où elle m'avait reçu et où se trouvait l'armoire dans laquelle j'avais serré mon argent. J'en avais la clef, mais l'armoire avait été forcée et était vide. Je sentis alors cruellement l'ironie des discours de la coquine sur les précautions que devaient prendre les nouveaux arrivés contre les détrousseurs d'étrangers. J'avais eu affaire à un chevalier d'industrie et à sa complice, et j'étais ingénument tombé dans leurs panneaux. Je n'avais plus qu'à porter plainte au commissaire, mais que de démarches ! Pour les indications que je dus demander (car tout a son prix à Paris), pour les courses, les bonnes mains aux commis subalternes, je ne déboursai pas moins d'une pistole

Je me trouvais fort empêché. La maudite vieille avait fait de la dépense, en la mettant à mon compte, et le véritable maître de l'hôtellerie, à qui je ne pouvais remettre qu'une somme insuffisante, prétendit être un bon homme en se contentant de retenir mes hardes. Ne me trouvant pas peu désorienté, sans abri désormais, je pensai à conter ma mésaventure à notre parent éloigné, M. de Chantepuis, qui a, m'aviez-vous dit, gardé bon souvenir de vous. M. de Chantepuis, par malchance, était, pour huit jours encore dans sa terre du Hurepois. Je perdis la journée en allées et venues stériles. Combien je me sentais seul en ce grand Paris !

J'en vins à errer sans but, en méditant sur ma situation, et le hasard conduisit mes pas dans une avenue plantée d'arbres, qui longe la rivière de Seine, et qu'on appelle Cours-la-Reine. Mais j'étais absorbé dans mes réflexions, et je ne regardais rien. Le soir tombait, et dans mon désarroi, qu'il me paraissait mélancolique, encore que les derniers feux du soleil empourprassent magnifiquement le ciel. Soudain, je me croisai avec un grand escogriffe dont je n'aperçus le visage que lorsque je me trouvai nez-à-nez avec lui. Ce visage était taillé comme à coups de serpe, avec une expression d'insolence sur ses traits anguleux. Le personnage portait des vêtements assez râpés : une épée lui battait les flancs. — Mordieu, me dit-il, vous m'avez heurté. — Ma foi, monsieur, lui répondis-je simplement, je ne vous avais point vu, et si l'un de nous deux a heurté l'autre, je crois plutôt que c'est vous. — Point, reprit-il, je soutiens que vous m'avez intentionnellement froissé. — Je n'ai pas eu ce dessein, monsieur... Finissons, ajoutai-je, impatienté. Je voulus continuer mon chemin : il se planta devant moi. — Je suis homme de qualité, fit-il, je ne souffrirai point d'être offensé par un petit morveux.

Vous savez dans quelles dispositions je me trouvais. J'étais bien loin, dans mon embarras, de chercher une querelle. Mais, à cette injure, je sentis mon sang bouillonner. Tout ce que j'éprouvais de dépit de mes premières naïvetés, d'ennui de mon isolement, d'inquiétude de mon sort immédiat se changea en une furieuse colère contre ce quidam. Etant votre neveu, Monsieur, je ne saurais digérer facilement un mot mal sonnant. — Le petit morveux, lui dis-je, le rouge aux joues, est prêt à vous donner une bonne leçon. — Je serais curieux de la recevoir, riposta-t-il, en mettant la main sur la garde de son épée, tandis que je caressais furieusement la poignée de la mienne.

Il me jeta un nom :

— Le baron de Vérouillac.

— Le chevalier de Fagnes, répliquai-je, en le dévisageant.

Deux promeneurs passaient. Le baron, qui semblait avoir une hâte incroyable d'en finir tout de suite, leur demanda de nous servir de témoins. Ils firent d'abord quelques difficultés, puis cédèrent. Nous descendîmes sur la berge de la Seine. Vous m'avez appris, Dieu merci, à me servir d'une épée, et j'oubliais, dans l'échauffement de cette aventure, mes déceptions. Au demeurant, ce baron me paraissait une manière de rodomont et je me promettais de le guérir, une bonne fois, de ses manies de provocations.

— Dépêchons, dit-il, pendant qu'il reste une lueur de jour.

Nous mîmes habit bas. Un des témoins, homme d'ordre, assurément, fit un tas de nos vêtements et de nos chapeaux. C'était ma première affaire d'honneur, mais je me trouvais en belle humeur batailleuse. J'étais sûr de la vigueur de mon bras et de la souplesse de mon jarret. Nous croisâmes le fer. Tout à coup, le baron abaissa le sien. — Allons, me dit-il, vous avez de la race. Je me tiens pour satisfait, et je ne voudrais point défigurer un joli petit homme comme vous. — Monsieur !... m'écriai-je, indigné.

Mais, avant que je fusse revenu de mon étonnement, il avait détalé, et les deux témoins, ses compères, étaient loin déjà, emportant ma veste, mon habit, mes dentelles, mon chapeau. Il n'y avait eu là que comédie, et j'étais encore une fois dupe.

Voilà comment, je vous écris en manches de chemise, pour vous demander quelque secours, non sans une grande confusion de ma simplicité.

Il me restait mon épée : je l'ai mise en gage,
ne la voulant point vendre, dans une sorte de
bouge, où j'ai trouvé un asile provisoire. Pres-
sez-vous, Monsieur, de m'assister. Vous ne sauriez croire combien un homme est peu de chose,
à Paris, sans habit et sans chapeau.

II

LE PREMIER RENDEZ-VOUS

Ce 2 d'Avril 1770.

Vous me mandez, Monsieur, que vous attendez que je vous fasse le récit de mes bonnes fortunes. Hélas, avec quelque bonté que vous
m'ayez opportunément secouru, après mes mésaventures, je ne suis guère dans le cas de prétendre à ces succès. On n'approche point aisément les personnes de qualité, et il s'en faut
que j'aie réussi à nouer commerce avec les gens
qui pourraient, pour me pousser dans le monde,
m'être de quelque utilité.

Vous ne sauriez croire quel est le peu de
consistance, à Paris, des relations qu'on a pensé
former, quand on est un petit gentilhomme
obligé de compter de près pour sa dépense. Comment se fier à la bonne grâce de l'accueil qu'on
reçoit ? Ici, tout est en paroles. Je fus, ces derniers jours, chez M. de Prisches, qui a des terres
dans notre Hainaut, et que vous connûtes jadis,
pendant cette campagne de Bohême qui vous fut
si fatale. A peine eus-je prononcé votre nom qu'il
m'embrassa chaudement, puisque j'étais votre
neveu, s'enquit de vous, m'accabla de prévenan-

ces, et, en m'assurant de son crédit, me fit de grandes promesses de s'intéresser à moi. C'était d'un ton d'amitié décidée qu'il voulait bien me parler. Je dus jurer de revenir chez lui sans délai : il aurait songé à me pourvoir de quelque emploi avantageux. J'attendis, par bienséance, près d'une semaine avant de renouveler ma visite. Hé bien, Monsieur, M. de Prisches ne me reconnut aucunement, et je lui fis assurément l'effet d'un fâcheux, car il ne parut point se souvenir ni de ses embrassades, ni de ses offres de service.

Je ne laisse pas que d'être assez dépité du temps perdu en démarches dont je ne vois pas poindre le résultat. Et si j'ai une histoire galante à vous conter, pour votre distraction, elle est fort à ma confusion. Je vous la dirai sans ambages.

J'eus l'occasion de passer par la rue Traversière, qui joint, en contournant la Butte des Moulins, la rue Saint-Honoré à la rue Richelieu. Elle a des vieilles habitations et des maisons de construction récente. Il semble qu'elle soit bien gardée, car la première chose qu'on y aperçoive est la lanterne d'un commissaire.

Je n'avais point de hâte et j'allais, en effet, d'un pas assez lent, curieux d'observer que, en cette rue, c'est, en quelque manière, un résumé de la vie de Paris : la noblesse y est représentée par l'hôtel de Maupéou et l'hôtel de la Sablonnière, mais des masures sont encore debout, tout à côté de ces demeures seigneuriales. On ne rencontre pas moins de trois hôtels pour étrangers. C'est aussi l'activité du commerce. C'est encore la fantaisie qui se mêle à tout dans cette grande ville. Vous seriez surpris, sur la façade d'une maison, de la disposition de tout un jeu d'écriteaux, qui force les regards à s'arrêter. Ces écriteaux, de toutes dimensions, annoncent qu'un homme ingénieux exécute en cinq minutes, pour le prix de six livres, des portraits à la silhouette.

Mon attention fut attirée, un peu plus loin, par l'enseigne que je trouvai plaisante, d'une lingère : *Au Bandeau d'Amour*. Cela me parut le plus joliment imaginé du monde, et je me voulus assurer du bien-fondé de cette allégorique inscription. A la vérité, je ne vis d'abord qu'une grosse marchande qui déployait de la toile, aidée par une commère de son espèce. Mais, ayant sans doute fini de mesurer et de vérifier, ces deux matrones qui ne rappelaient nullement une scène mythologique, disparurent, et, à travers les vitres, je remarquai, cousant assez distraitement, car tout en maniant l'aiguille elle avait la curiosité d'examiner la rue, une fille de boutique à laquelle je trouvai quelque grâce. Elle n'avait point un visage régulier, mais elle offrait un de ces minois aimables qui ont ce je ne sais quoi d'agile et de léger répandu sur une figure, de riant à l'œil, qui semble appartenir en propre à des jeunes femmes de Paris. Elle avait, à ce que je découvris, la taille en guêpe, la gorge agréablement arrondie, et, sous son léger bonnet, les cheveux du plus clair châtain. En fait, je la jugeai charmante.

Sans que j'eusse de dessein bien déterminé, je me plus à aller et venir de telle sorte que je la pusse bien considérer. Un petit casaquin blanc lui seyait au mieux. On sentait en elle de l'aisance et de la vivacité. Pour une personne qui était assujettie au travail, elle avait les mains fort blanches.

Elle ne fut pas longtemps sans discerner mon manège, et n'eut pas l'air de s'en fâcher, tout d'abord, car elle sourit. Cependant, j'eus l'impression que, à ce sourire, se mêlait une ombre de mélancolie. Je fus piqué de l'énigme de cette apparence d'intérêt qui m'était témoigné, n'allant point sans un soupir. La tentation me vint de pousser mes avantages, si j'en avais, en effet. Faute d'un objet plus digne de mes ambitions, cette lingère était fort avenante, et, dans l'attente de plus glorieuses aventures, pouvait faire prendre patience à mon appétit d'intrigues amoureuses. Je la saluai : elle détourna la tête, comme pour se refuser à mes avances, mais ce ne fut pas sans avoir, un instant après, levé les yeux, de mon côté. N'était-ce que jeu de coquetterie ? Il me sembla, plutôt, démêler sur ses traits l'expression d'un regret de cette indifférence à laquelle elle se contraignait.

Je repassai plusieurs fois devant elle. Je constatai qu'elle s'était insensiblement rapprochée de la porte, et que, si elle affectait du zèle à son ouvrage, ce zèle n'était qu'en parade. Je la saluai de nouveau, et ce fut, de sa part, la même manœuvre : je feignis d'en montrer quelque dépit, comme si je lui eusse dit, en un muet langage, qu'elle avait dans ses façons, une inconséquence qui déconcertait, et je me retirai. Mais la figure de cette petite lingère se représentait devant moi. Moins de deux heures plus tard, porté par un instinct, je me retrouvais dans la rue Traversière. J'étais plus sollicité par le désir de la revoir que je ne voulais me le confesser.

On eût juré qu'elle attendait ce retour, car elle eut une manière de petit tressaillement en m'apercevant. Cette fois, elle ne fit pas mine de ne point soupçonner ma présence. Il y avait même de la douceur dans ses regards, mais j'y lus, en même temps, une sorte de prière de ne point persister dans ma curiosité. Vous imaginez, Monsieur, que je n'étais pas homme à me con-

duire sans délicatesse, par une bravade, car il
y avait du touchant dans cette imploration, mais
je n'en fus que plus enclin à chercher la raison
de cette ambiguïté d'attitude: apparence de sympathie, d'une part, et, de l'autre, sollicitation de
n'insister point. A ce moment, la marchande
l'appela : elle ne revint point de longtemps, et je
dus prendre le parti de m'en aller.

Mais je sentais la chaleur de mon sang. Ces regards, avec leur double signification, me poursui-
vaient. On a accoutumé de dire qu'une fille de
boutique, pourvu qu'elle soit passablement tournée, ne demande qu'à faire un saut du magasin
au fond d'une berline anglaise. Cependant, il
était visible que je n'eusse point de berline à lui
offrir. Etait-ce donc qu'elle m'avait toisé et
m'avait jugé sur la médiocrité de ma fortune ?
Mais, dans ce cas, elle eût haussé légèrement les
épaules, et ce n'eût pas été ce coup d'œil sup-
pliant.

Je rêvai d'elle. Vous penserez, Monsieur, que
c'était avoir l'esprit bien occupé d'une créature
d'un si petit état, pour aimable qu'elle fût: encore
avais-je pour excuse cette bizarrerie d'une attitude qui présentait ces contradictions. A quelles
suppositions n'arrivais-je point ? Je me souvins
de la *Marianne*, de M. de Marivaux. Peut-être,
comme elle, dans le temps que Marianne, vivant
chez la vulgaire Mme Dufour, était injustement
réduite à une condition inférieure, avait-elle été
victime d'un mauvais sort, qui l'avait déplacée,
ce qui eût expliqué sa réserve, bien qu'elle n'eût
pas été insensible à mes attentions. Oui, vraiment, j'en venais à me forger ce roman, tout
déraisonnable que je le reconnusse.

Je résolus d'en avoir le cœur net. Aussi bien,
en songeant à cette fille, lui découvrais-je des

charmes qui avaient sur moi plus de prise que dans l'instant de notre rencontre. Le lendemain, après avoir un peu tourné autour de la boutique, j'y entrai, sous le prétexte de renouveler les dentelles de mon jabot, non sans un peu d'ennui d'avoir à me contenter d'une qualité assez commune ; mais je n'avais point à faire le fastueux. Le hasard voulut qu'une apprentisse nommât ma séduisante lingère, et je sus ainsi qu'elle s'appelait Agathe. Je m'adressai à elle, et je vis bien qu'elle éprouvait quelque trouble, en m'apercevant. Pendant qu'elle mesurait le point de Paris que j'avais demandé, je tins galamment l'aune, et à la faveur de ce geste, qui nous dissimulait un peu, je me hâtai de lui dire qu'elle avait fait grande impression sur moi, et que je souhaitais fort une occasion de lui parler plus librement. Elle me répondit (et je remarquai encore sur sa physionomie, cet air de regret qui ne m'avait pas échappé, alors que nos yeux se croisaient), que je ne devais point, supposé que je la trouvasse à mon goût, m'aventurer à la courtiser. Je ripostai qu'elle ne pouvait regarder comme un outrage si cruel qu'il lui parût impardonnable que je fusse touché de sa grâce. Elle sourit, mais repartit qu'il y avait de grandes impossibilités à ce qu'un commerce s'établît entre nous. Ce n'était point l'accent de la vertu, et j'observai qu'elle faisait cas de ma bonne mine. Sans doute appartenait-elle déjà. Ce ne fut que pour me piquer de jeu, dans la vanité d'une conquête n'allant point sans difficultés. Au demeurant, je ne saurais ne pas avouer que je m'enflammais peu à peu, et bien qu'à mots coupés, par le fait de notre situation du moment, je devins pressant. Il me sembla que sa défense mollissait, encore que de la mélancolie se peignit sur son avenante figure.

Qu'on peut dire de choses, en tenant, par prévenance, l'aune d'une jolie lingère ! Agathe finit par me confier, tout en protestant que je n'avais rien à espérer d'elle, que la marchande était, le soir même, priée à un repas de noces, et que, par suite elle serait seule, après la fermeture de la boutique. Elle m'attendrait, la nuit venue, dans le couloir de la maison, mais il était entendu que ce ne serait que pour plus commodément lier conversation et qu'elle m'imposerait la plus grande retenue. Je n'eus garde de ne pas promettre cette sagesse qu'elle exigeait.

Je ne manquai point d'être exact au rendez-vous. Sous le porche, une petite main me fit signe, et Agathe m'introduisit par quelques détours, dans une salle attenant à la boutique. Apparemment qu'elle s'était apprivoisée. Je la remerciai avec chaleur de la faveur qu'elle m'accordait, bien que le décor de cet entretien ne fut qu'une humble antichambre de Cythère. Mais j'avais auprès de moi une forte accorte personne, qui me plaisait, et mes sens ne s'embarrassaient point, dans l'ardeur de leur feu, de l'absence de majesté du lieu. Elle me rappela nos conventions, d'après lesquelles nous ne devions échanger que des paroles, mais ses joues se teintaient d'un rouge qui n'était point du fard et que je devinais brûlantes. Je m'en assurai, encore qu'elle se débattît, en y imprimant un baiser qui tenta de descendre jusqu'à ses lèvres. Je fis appel à sa sensibilité en lui disant que j'étais un peu perdu dans ce grand Paris, et que je formais le vœu d'un tendre attachement. Cependant, elle ne laissait pas que de me résister, s'opposant, par toutes sortes d'arguments futiles, aux privautés que j'essayais de prendre, et leur futilité apparaissait d'autant, en effet, qu'elle brûlait manifestement des mêmes désirs que moi. La barrière qu'elle élevait contre la hardiesse de mes gestes n'empêchait point qu'elle eût des tendances à s'abandonner.

Elle m'avoua, dans un soupir, qu'elle avait un penchant pour moi, et qu'elle l'avait eû dès que je l'avais saluée. Mais après ces moments où je la croyais voir faiblir, elle se rebellait de nouveau, échappant à mon étreinte, et, dans le même instant, j'entendais qu'elle murmurait *que cela était dommage*, ce qui signifiait vraisemblablement qu'elle luttait contre soi. Si elle se gardait contre le décisif, sa bouche ne se défendait plus de la mienne, et se livrait à l'avidité de mes transports.

— Agathe, lui dis-je, il y a, de toute évidence, entre nous, sympathie d'organes. Pourquoi vous faites-vous aussi cruelle ? Pourquoi refusez-vous le plaisir que nous promet u.n semblable entraînement?

Elle me répondit qu'elle avait de grands scrupules, qu'elle ne pouvait me confier, mais que si elle n'en eût point été empêtrée, elle m'eût aimé à la folie. Cela n'était point propre à m'arrêter, et pour commencer de vaincre ces scrupules, j'avais dégrafé son corsage et j'embrassais la gorge la mieux faite du monde. Ces caresses, qu'elle acceptait, la troublaient fort, et ses yeux languissants appelaient la volupté, encore qu'elle s'entêtât, par des mots prononcés d'une voix mourante, à ne pas me donner le droit d'aller plus avant.

A la fin, elle parut excédée de s'insurger contre elle-même et elle me rendit mes baisers avec un furieux emportement. Elle était prête à me laisser la victoire.

— Nous pourrions être surpris dans cette salle,

où nous nous sommes attardés, me dit-elle. Nous serons plus en sûreté dans ma chambre.

Elle ouvrit une porte, et, me tenant par la main, m'engagea avec elle dans un escalier fort étroit qui, au dernier étage de la maison, conduisait dans cette chambre. Je n'étais pas dans le cas de prêter attention à la simplicité des meubles. Je n'avais jeté les yeux que sur le lit. J'avais grande hâte de tenir Agathe dans mes bras. Au demeurant, elle me déclarait qu'elle avait pour moi le plus effréné caprice qui fût. Je mis un zèle extrême à l'aider pour qu'elle se déshabillât promptement. Cependant, quand elle en vint à ses derniers vêtements, elle apporta, à s'en défaire, une lenteur irritante. Etaient-ce les suprêmes retours de la pudeur, après les élans qui l'avaient poussée vers moi ? Allais-je donc, bien que je n'eusse pas espéré une telle faveur, cueillir des prémices, ce qui justifiait qu'elle hésitât, dans la minute précédant le couronnement de mon succès.

Elle n'avait plus que sa chemise, quand soudain, elle reprit sa jupe qu'elle avait jetée sur le carreau de la chambre et se couvrit de son casaquin, tôt ramassé.

— Que faites-vous, mon amour ? lui demandai-je, fort surpris.

— Non, fit-elle, avec une manière de résolution, encore que son visage se baignât de larmes, il y a conscience à épargner un joli homme comme vous, que j'eusse adoré... Il me faut bien vous expliquer l'embarras où vous me vîtes, et les contradictions de ma conduite, partagée que j'étais entre l'inclination la plus vive et la délicatesse. J'eus la malchance de gagner d'un officier aux gardes une galanterie qui n'est point guérie, et, bien que je sois portée vers vous le plus impétueusement du monde, je ne voudrais point vous exposer au mal dont je suis atteinte. Mes regrets sont infinis. Vous concevez maintenant, dans ces conjonctures, la raison de mes mouvements de passion auxquels succédait ma réserve. Avec quelle joie je me fusse donnée à vous, mais quel souvenir je vous eusse laissé de moi !

Je lui sus gré de sa franchise. Ma bonne mine, qui est à peu près mon seul avoir, ne m'a servi qu'à éviter un danger. Voilà, Monsieur, la belle aventure que j'avais à vous conter ; vous en attendiez d'autres et je crains de provoquer votre ironie. Mais je n'en suis qu'à mes débuts, et je table sur de prochaines revanches.

III

LE QUATRIÈME CHANT DE L' « ART D'AIMER »

Ce 27 d'Avril 1770.

Voici, Monsieur, bien du temps inutilement
dépensé en allées et venues. Il est fort malaisé de
se bien orienter dans cette grande ville, et je n'ai
pu encore intéresser à mon sort quelqu'un de
ceux dont la protection ouvre le chemin de la fortune. Je suis cependant, parfaitement décidé à
briller dans Paris. Le courage ne me fait pas défaut. On voit ici des gens sortir du jour au lendemain de leur obscurité. Je cherche l'occasion
d'attirer favorablement l'attention sur moi par
quelque action qui ait aussitôt du retentissement.
Cette occasion, je n'aurai garde de la manquer.
Vos conseils me sont toujours présents à l'esprit.

J'étais entré au Café de la veuve Laurent, rue
Dauphine, car on m'avait dit qu'on y rencontrait
toutes sortes de personnes bien informées de ce
qui se passe. Je pouvais trouver quelque avantage à les écouter. Encore que le café Laurent,
qui est un des plus anciens de la capitale, ait
gardé une certaine simplicité d'aspect, au regard
d'autres qui sont des réduits magnifiquement pa-

rés, on n'a pas laissé que d'y introduire des lustres et des miroirs. J'y vis entrer peu à peu de ces nouvellistes qui, par des moyens dont ils disposent, sont instruits des événements à mesure qu'ils surviennent, et souvent, assure-t-on, ce qui est admirable, avant qu'ils ne se soient produits. Vous saurez qu'ils se querellent souvent, au sujet des circonstances, qu'ils contestent, d'un fait dont le récit est apporté par l'un d'eux, qui se donne les gants d'être le mieux averti. Ainsi procède-t-on au raffinage des nouvelles. C'est parfois un bourdonnement incroyable dans la salle. — « Il y a bien des brouillards à la Cour », affirmait un gros homme, qui portait sa perruque un peu de travers. Cette assertion jeta quelque froid : on se demanda si quelque mouche de police n'avait pas entendu et noté ce propos. Mais le goût des discussions l'emporta sur la prudence. On parlait de la guerre ouverte entre l'abbé Terray et M. de Choiseul, des suites des démêlés du duc d'Aiguillon avec le Parlement de Bretagne, de la Corse, car Londres et Vienne gardaient le déplaisir que l'occupation de cette île eût prévenu leurs moyens de s'y opposer. Certains trouvaient cette conquête trop coûteuse depuis deux ans, mais d'autres estimaient que la Corse serait un point essentiel pour le soutien du commerce dans le Levant.

Cependant que ces hautes vues politiques soulevaient bien des débats, à une table voisine de la mienne, deux beaux esprits, ne prétendant point influer sur les destinées de l'Europe, s'entretenaient de la tragédie de M. Lemierre, *La Veuve du Malabar*, que vient de présenter la Comédie. Je n'ai guère fréquenté encore le théâtre, et je ne connais point cet ouvrage, mais ce qu'ils en disaient m'inspirait le désir d'y être initié. Je crus comprendre que le héros de cette belle pièce, nommé Montalban, s'introduisait, conduit par un brahmine, au moyen d'un souterrain, dans le palais où le bûcher était déjà prêt pour une jeune femme, contrainte à sacrifier à une barbare coutume. Il avait la joie de reconnaître en elle une amante adorée. Que n'ai-je de pareils exploits à accomplir !

Ces gens de goût agitèrent d'autres sujets : ils s'entretinrent de la mort de l'ancien fermier général Pelletier, qui était tombé dans la démence depuis dix ans. Sa raison s'était égarée à la suite d'un mariage singulier qu'il avait fait. Il s'était épris d'une aventurière qui s'était donnée à lui comme la fille du roi et qui, en effet, se rendait chaque dimanche à Versailles, où elle semblait avoir été reçue par Mesdames. Quand Pelletier apprit qu'il avait été dupé par une intrigante, il ne put supporter cette déception, et il tomba dans l'extravagance. Intéressé par les discours de mes voisins, je m'attachais, en gardant les bienséances, à n'en point perdre un mot. Ils rappelèrent, y ayant pris part, sans doute, les dîners que donnait le fermier général, qui étaient les plus joyeux du monde, et où faisaient assaut de libres plaisanteries M. Collé, M. de Crébillon, le fils et le gentil-Bernard.

Ce nom, prononcé par hasard, éveilla en moi des souvenirs. Je me rappelai, Monsieur, que vous aviez eu entre les mains quelqu'une de ces copies, qui couraient, des trois chants de l'*Art d'aimer*, et que vous faisiez de ce poème vos délices. Le jour même de mon départ pour Paris, ne me récitâtes-vous pas, comme un viatique, dans le temps que vous me tendiez les bras, devant le coche qui allait m'emporter loin de vous, ces vers contenant une leçon :

Qu'un peu d'audace accompagne tes armes !
Lance tes traits, frappe et sois convaincu
Qu'on peut tout vaincre, et tout sera vaincu
La plus rebelle est souvent la plus tendre...

Ces trois chants qui sont un hommage à l'Amour, vous les saviez par cœur, et vous disiez qu'ils étaient faits pour polir un jeune homme bien né. Que de fois m'avez-vous répété que vous eussiez souhaité assurer vous-même le poète de l'admiration que vous aviez pour lui ! Aussi, je crus remplir vos desseins en prenant, pour téméraire qu'elle fût, la détermination de me rendre auprès de M. Bernard. Je pouvais, du moins, tenter cette démarche, qui m'eût permis de vous peindre cet homme illustre et sensible, dont on lira toujours les ouvrages, car, dans les âges futurs comme en notre temps, il demeurera le guide et le confident des amants.

J'avais lié conversation, peu à peu, avec les deux habitués du café. Je leur exprimai le désir que j'avais de rendre mes devoirs à ce nouvel Ovide. Ils me dirent, non sans quelque surprise du vœu que je formais, que je le trouverais assurément au château de Choisy. Si j'eusse été un observateur plus avisé, leur sourire énigmatique eût dû m'inquiéter, quand je leur demandai les moyens par lesquels je pourrais être admis auprès de lui.

— Il n'est point besoin d'une introduction, me dirent-ils. Vous verrez facilement le gentil-Bernard.

Le lendemain, je pris donc la patache pour Choisy. En chemin, je me récitais des strophes de l'*Art d'aimer* :

Accourez tous, amants faits pour m'ouïr,
J'ouvre les cieux, et j'enseigne à jouir...

Je sentais croître mon intérêt et mon émotion à mesure que je me rapprochais du moment où je me trouverais en présence de ce favori des Grâces qui eut d'elles, en effet, tous les dons. Cette vie, donnée toute à l'amour, m'éblouissait, et je me rappelais ce mot, qui en forme l'assise même : « Les heureux sont les sages ». Trouver la gloire en célébrant les plus douces choses du monde, quelle fortune rare !

Ma mémoire dans le temps que j'allais approcher le poète, se représentait, en des tableaux animés, ces fêtes de Choisy, à l'antique, ces fêtes des roses qu'il avait instituées, et dont il était le grand prêtre, officiant dans un petit temple consacré à l'Amour, entouré des femmes les plus aimables et les plus brillantes, et où, accommodant si galamment la mythologie au goût du jour, il évoquait les rites païens, les envolées de colombes, les parfums brûlant dans des cassolettes, les fleurs voluptueusement effeuillées sous les pas de ses belles amies, qui représentaient les déités du printemps.

Ceux qui ont été aimés, comme il le fut, n'apparaissent-ils pas comme des sortes de héros ? Comment ne pas envier un tel sort ?

J'arrive et je me fais indiquer la dépendance du château qui sert aujourd'hui d'ermitage à M. Bernard, en sa qualité d'ancien secrétaire général des Dragons et de bibliothécaire du roi. On m'indique le chemin ; c'est une assez élégante construction, au milieu d'un parc, une retraite charmante où quelque liberté est laissée à la nature, soit que quelque négligence d'entretien permette le foisonnement des herbes folles, soit que le maître du logis ait voulu ce demi désordre, en l'honneur de tout ce qu'il aima d'agreste.

Mon cœur bat : je vais entendre la voix du poète à qui rien de ce qui concerne l'amour ne fut étranger. Je vais peut-être recevoir de ce délicat apologiste de la volupté, quelque subtil conseil qu'il n'ait pas exposé dans son livre immortel.

Nul ne m'arrête au seuil de la maison. J'entre. Dès l'antichambre, ce sont des tableaux gracieux ornant les murs, cent images charmantes de l'amour, d'aimables allégories qui semblent commenter un des chants du poème :

Je dévoilai les secrets de Cyprès,
Amour, pourquoi m'en avoir tant appris !
Ou que ne puis-je, ô maître que j'adore,
Oublier tout, pour m'en instruire encore.

Je parcours un salon, où tout continue à parler des divins plaisirs, et c'était bien ainsi que je m'étais imaginé la demeure où j'avais rêvé de pénétrer, souriante et pleine de troublants emblèmes. Je rencontre enfin un valet assez bourru, et je m'enquiers auprès de lui de M. Bernard.

Le rustre hausse les épaules, fait un signe, et, dans une chambre voisine, dont la porte est ouverte, j'aperçois, je ne dirai pas un homme, mais une sorte de loque humaine, un être misérable, assis dans un fauteuil. La vieillesse n'a point fait ces ravages lamentables, car elle n'a pas encore complètement blanchi les cheveux, que ne couvre pas une perruque, ni ridé un front qui fut beau. Enveloppé dans une robe de chambre fort sale et déchirée, le corps est agité de tremblements, et la tête dont les traits gardent, bien que convulsés, un reste de leur finesse naturelle, est secouée d'un mouvement continuel.

Je frémis. Quel mal a atteint le poète, quelle crise terrassa sa vigueur? Mais quel état d'abandon, hélas ! Le laquais rogue va et vient, sans paraître s'occuper de lui, d'une pièce à l'autre. Je ne sais plus quelle contenance tenir. Je balbutie, j'excuse ma présence en un aussi fâcheux moment, en alléguant le peu d'obstacles mis sur un chemin qu'on eût supposé mieux défendu, et je lui dis, cependant, comme pour soulager ma sensibilité, l'enthousiasme que ses vers provoquèrent en moi.

M. Bernard semble ne point m'entendre, d'abord, puis il me regarde, et il éclate de rire, d'un petit rire sec, qui fait mal, et, après avoir jeté vers moi des yeux dont la vie paraît s'être retirée, il murmure des mots incohérents :

— « Eglé viendra ce soir... Ah, ah, ah !... Belle gorge... Le roi est-il content? »

Je demeure frappé de stupeur. Quoi ! Ce n'était pas le pire que cette déchéance physique. L'intelligence aussi s'est évanouie ! Rien ne reste plus de cet esprit charmant, expert aux plus exquis badinages comme aux plus ingénieuses pensées... Je n'en puis croire le témoignage de mes sens. Bien que furieusement troublé, je me veux rattacher encore à cet espoir d'une faiblesse momentanée. J'insiste, et je répète mon compliment. Le laquais arrive, me contemple comme on contemplerait un Huron, n'étant au fait de rien, et, en quelques paroles jetées dédaigneusement, me révèle ce qui est la douloureuse vérité : « Inutile... *il* ne comprend pas... *il* est tombé en enfance. »

Tout affligé que je sois devant ce désolant spectacle, je ne puis m'y arracher. Orgueil humain, orgueil humain ! Ce malheureux si débile à présent, qui fait pitié et qui, si j'ose l'avouer, n'inspire plus que de la répugnance (car aurais-je le courage de dépeindre, avec une douloureuse exactitude, les misères qui l'accablent !) cet abandonné, confié aux soins d'un valet qui le méprise, ce fantôme tragique, c'est le poète adoré des femmes qui s'écriait, célébrant son heureuse destinée :

De ses plaisirs, instruisons l'amour même.
...J'en donnerais des leçons même aux dieux.

Et il est là, depuis quelque temps (et la chute fut presque subite) cloué dans ce fauteuil, incapable de se diriger, impuissant à rassembler une idée, plongé dans l'abjection ! Quel écroulement, et comme le sort se venge de l'avoir naguère comblé de ses faveurs les plus insignes! Ses mains ne cessent de trembler, et il laisse tomber un mouchoir souillé de bave, que l'indifférent serviteur ramasse avec dégoût... Et je le revois, par l'imagination, tel qu'il se décrivit, non sans audace.

Que de beautés, disciples de l'Amour,
Ont émaillé les gazons d'alentour.
...L'Amour m'élève un trône au milieu d'elles.

L'amour, tout évoque encore l'amour en cette maison demeurée telle qu'elle était alors qu'il l'enchantait, et seul a changé (et de quel changement !) celui-là qui fut le plus fervent de ses zélateurs ! Ses vers disent la joie de vivre, et il ne sort plus que des paroles imbéciles de cette bouche qui les proclama avec tant d'ardeur.

Je suis rentré fort affligé à Paris, Monsieur, avec l'amertume d'une grande désillusion, et j'ai quelque remords à vous la faire partager.

IV

LE BOULEVARD

Ce 13 de Mai 1770.

Je m'applique, Monsieur, dans le dessein de parvenir à faire figure dans Paris, à me former aux manières. Il me fut assuré qu'on ne saurait manquer un jour de « beau Boulevard », qui est soit le mercredi, soit le vendredi. Il est du dernier bon ton de se montrer là, et ce ne sont que les bourgeois ou les gens débarqués de leur province qui s'aventurent encore aux Tuileries : ce jardin est en effet tombé dans un furieux discrédit, on le trouve d'un ennui à périr, et je ne laissai pas que de me faire rabrouer, la première fois que je m'y hasardai, pour avoir avancé que je le trouvais magnifique. Ce n'est plus comme au temps où vous vîntes à Paris. A la vérité, on ne doit plus connaître, des Tuileries, que, à leur entrée, le pavillon du Suisse du Pont-tournant, où il est encore admis d'aller souper. C'est ce qui me fut dit par des personnes qui sont au fait du savoir vivre. Elles me déclarèrent qu'il ne s'agissait point que la promenade fût belle, s'il n'était point de la décence d'y venir.

Je pensai qu'il importait que je fréquentasse le

Boulevard, où le hasard me pouvait procurer quelque heureuse rencontre. Mais, si j'étais homme à douter de ma chance, je demeurerais fort contrit, car je n'ai, jusqu'à cette heure, éprouvé que des déceptions. Peut-être sont-elles utiles pour avoir l'esprit usagé, ce qui est fort nécessaire en cette grande ville.

Le Rempart a bien changé d'aspect depuis que, d'après vos souvenirs, vous m'en fîtes la description. On y plantait à peine les cinq rangées d'arbres, qui en font aujourd'hui l'ornement. On risquait de s'y égarer. La contre-allée pour les piétons, que l'on appelle plaisamment les fantassins, était bordée d'un fossé où l'on risquait de choir. Ce fossé a été comblé, et, sur son emplacement, s'élèvent des constructions de toutes sortes. Vous ne pourriez imaginer la cohue qui se presse au Boulevard. On ne marche pas, on est porté par la foule. C'est un concours étonnant de gens de tous états. C'est une étourdissante rumeur où se mêlent le roulement des carrosses, le claquement des fouets, le bourdonnement des promeneurs, les cris des marchands ambulants, le bruit discordant de musiques, qui se contrarient, les appels des montreurs de spectacles, le fracas des tambours. Le vent soulève des tourbillons de poussière, bien que l'on ait pris la précaution d'arroser la chaussée chaque matin, et on en est, par moments, aveuglé. Cette presse épouvantable, ce tumulte, toutes les incommodités n'empêchent point que le Boulevard ne soit considéré comme le lieu le plus agréable du monde. Il n'y faut qu'un peu d'habitude.

On vient voir, et s'y faire voir. C'est, entre l'ancienne Porte Saint-Antoine et la Porte du Pont-aux-choux, un défilé extraordinaire d'équipages. La plus exacte police n'a pu avoir raison des écarts des cochers, obéissant, d'ailleurs, dans la plupart des circonstances, aux lubies de leurs maîtres.

Il serait simple que ces voitures se dirigeassent, en deux files, l'une montante, l'autre descendante, mais elles ne suivent point cette règle : elles s'arrêtent ou prétendent se dépasser, changent d'allure, se croisent, s'entrelacent. C'est une confusion incroyable. Le passage est impossible pour les gens de pied : j'en fis l'expérience à mes dépens. Il arrive que telle personne de qualité, en apercevant une autre dans un carrosse, fasse approcher le sien pour échanger avec elle de menus propos, et c'est, par cette halte imprévue, le cheminement bouleversé.

Mon attention était à ce point sollicitée de tous les côtés, et l'encombrement était tel que je ne pus me garder d'engager le fourreau de mon épée dans les falbalas d'une grande femme qui était sans doute une harengère endimanchée, car elle invectiva grossièrement contre moi. — « Voyez, dit-elle, le petit impertinent qui déchire à plaisir ma parure ». Je m'étais cependant excusé avec politesse, pour avoir été à ce point serré par des passants contraints à s'immobiliser que je n'avais pu éviter ce contact. Mais le ton de cette manière de poissarde était si comique que l'on en rit autour d'elle, et c'est de quoi, avec des expressions du plus grand commun, elle s'indigna. A mesure qu'elle se fâchait, les brocards tombaient sur elle. Le plus mince incident détermine ces lazzis de la foule.

On s'était ainsi arrêté, par force, parce que des badauds, qui s'étaient amassés, devant l'estrade d'un singulier individu, émerveillant l'assistance par les déformations de son visage, barraient cet endroit de la contre-allée. Ce personnage burlesque, qu'on appelle le grimacier, qui ajoute, par ses contorsions à sa laideur naturelle, était accompagné de deux violons. Les spectateurs qu'il avait attirés formaient un mur, contre lequel se heurtaient les arrivants, cherchant à voir, eux aussi, les méchants tours de cet homme, et restant en place, dans le cas même qu'ils ne pussent rien distinguer.

C'était, à tout moment, de ces attroupements compacts, car une fête perpétuelle se déroule sur le Boulevard. Le long de l'avenue, ce ne sont que spectacles et des mieux installés, cafés brillamment décorés, d'où arrivent des échos de musique, avec leurs bosquets aperçus au delà de portiques, traîteurs, pâtisseries. Mais à côté de ces abris élégants, c'est l'invasion des bateleurs de tout genre, joueurs de marionnettes, montreurs d'animaux savants, danseurs de corde, escamoteurs, savoyards faisant danser leur marmotte au son de la vielle, chanteurs en plein vent, et ec n'est pas le seul populaire qui prend plaisir à les regarder. Les parades des spectacles, qui se font sur le balcon de ces établissements, sont aussi écoutées, quelque triviales qu'elles soient, par des personnes qui ont assurément l'habitude de plaisirs plus raffinés, mais qui viennent goûter de ce gros vin de l'esprit, car ce ne sont qu'assez lourdes facéties. Ballotté par les curieux, j'ai entendu un morceau d'une de ces parades : l'Isabelle y dupait Cassandre, en feignant d'avoir pour ce vieillard le plus vif amour, et elle lui disait qu'elle lui donnerait à souper. Cassandre montrait le plus grand ravissement d'être traité par elle, mais il déchantait quand, pour ce souper qui était censé lui être offert, la rusée lui demandait trente écus. Le ladre se récriait et protestait que la bonne chère gâtait sa santé. — « Une salade et ce qu'on aime, disait-il, me suffisent à merveilile. — Je croyais que vous m'aimiez, répondait Isabelle, et je vois bien que vous ne m'aimez point. » Enfin, pris entre sa passion et son avarice, Cassandre débattait sur la somme, marchandait, n'en offrait que le tiers, puis la moitié, brûlant de désirs, mais pleurant son argent.

Les parades font fureur. J'avoue que je n'ai pas un goût déterminé pour ce bas comique. Quand on rêve de grandes choses, il n'est point besoin de ces vulgaires distractions. Cependant, un peu plus loin, j'entrai au spectacle de M. Nicolet, qui est fort réputé.

A la vérité, ce ne fut point l'attrait de ses danseurs et de ses bouffons qui m'y poussa. Pressée de toutes parts, une jeune femme, dont la grâce contrastait avec la beauté délabrée d'anti-vestales et de sirènes plâtrées, pensait être suffoquée. En jouant des coudes, je la dégageai, et elle ne manqua point de me remercier du service que j'avais pu lui rendre.

Je pris de l'agrément à échanger quelques propos avec elle. Elle n'était point de condition, mais elle avait de la vivacité et je ne sais quoi d'agaçant, qui me charma. La solitude me pèse et je ne me sentais point trop exigeant sur les moyens de la rompre. Le visage souriant de cette femme, dont la toilette, encore qu'elle fût assez simple, n'était pas portée sans coquetterie, me donna sur le reste les préjugés les plus avantageux. Elle avait été froissée par la foule, et je lui proposai de se reposer quelques instants. Elle me dit qu'elle serait bien aise de goûter ce repos au spectacle de M. Nicolet, et je l'y conduisis. Ce théâtre présente une façade assez bien ornée. Il a été conquis sur la contre-allée, de telle sorte qu'un arbre en divise en deux l'entrée. A droite, c'est une manière de loge, en maçonnerie, dont le plancher est à hauteur d'homme. Une draperie pend du toit : c'est là que se fait la parade.

Ma compagne de hasard semblait fort avertie de ce spectacle. Elle me montra, dans la salle où il s'activait à son habitude, s'employant à la commodité du public, M. Nicolet lui-même, qui est un homme d'assez haute taille, mince et sec, n'ayant point de prétention dans sa tenue : une longue lévite bleue lui battait les talons, laissant entrevoir des bas blancs dans de gros souliers à boucles. Sa perruque mal poudrée se terminait par une étrange petite queue, en salsifis, que le continuel mouvement de son cou et de ses épaules agitait plaisamment. Sous son chapeau à larges bords, on n'apercevait d'abord que son nez, qui s'avançait avec audace. Ses yeux, habituellement mi-clos, s'ouvraient tout à coup comme pour lancer des flammes, puis ses paupières se refermaient presque. Il s'appuyait volontiers sur une canne à bec de corne de buffle, raccommodée en plusieurs endroits. Je vous esquisse le portrait de cet homme singulier, parce que, avec son entregent, après n'avoir fait que tirer les ficelles des marionnettes paternelles, il a réussi à s'attribuer au Boulevard et aux deux Foires, une sorte de gloire, si ce n'est pas profaner ce beau mot.

Nous vîmes des sauteurs, qui firent sur la corde des exercices attestant leur adresse, puis des danses, et quelque chose comme une farce italienne, que je trouvai assez grossièrement jouée, mais qui divertissait les spectateurs. En fait, je m'occupais principalement de la personne dont je m'étais fait le cavalier. Elle me disait qu'elle préférait ce théâtre à celui d'Audinot ou à celui du sieur L'Ecluse. Mais cela m'importait peu. Je poussai quelques pointes en lui faisant mille compliments sur la fraîcheur de son teint. Elle les accueillit sans déplaisir. Je trouvai le moyen, peu à peu, d'insinuer mon pied près du sien; elle ne parut point trouver qu'il y eût là une liberté extrême. J'eus l'occasion, à la suite d'un mouvement qu'elle fit, de lui presser expressivement la main, qu'elle ne retira pas. Je lui avouai bientôt que j'éprouvais pour elle les plus tendres sentiments et elle me répondit qu'elle n'était pas dépourvue de sensibilité, et qu'elle était bien près de les partager. Elle oubliait aussi de regarder du côté de la scène. Notre conversation devenait fort confiante. Je pouvais juger, à vue de pays, que je mènerais l'aventure à ses fins.

Soudain, elle retint un petit cri de surprise. Un grand escogriffe qui, depuis quelque temps, examinait la salle, et que j'avais remarqué pour la raison de cette inquiétude qu'il manifestait, s'approcha d'elle, fort courroucé, et n'ayant point égard au dérangement des spectateurs, lui dit qu'il était bien assuré de la trouver à ce spectacle, au lieu de demeurer attachée à ses devoirs. — « Je suis perdue, soupira-t-elle à mon oreille, c'est un parent fort sévère qui a reçu de ma famille la charge de veiller sur moi. » Je protestai que je saurais la défendre. — « N'ayez garde de le provoquer, reprit-elle ; il se vengerait, en me battant, de l'affront que vous lui feriez. Il vaut mieux vous arranger sans éclat avec lui ». Nos voisins commençaient à se fâcher de la venue de cet intrus et du trouble qu'elle causait. Nous sortîmes.

Supposé que cet homme eût des droits sur la jeune femme que je pensais déjà conquise, il avait des façons grossières que je n'étais point disposé à supporter. — « C'est vous, fit-il, qui débauchez les filles d'honnête maison ? » Je haussai les épaules. Des regards suppliants de celle à qui je croyais encore devoir ma protection m'invitèrent au calme, alors que j'avais une furieuse envie de donner sur la joue à ce brutal. Ces regards semblaient me faire craindre qu'elle fût dans le cas d'expier, plus tard, ma chevalerie, et retinrent ma main. Mais une autre insolente réflexion de ce goujat eut raison de ma patience, et je ne pus me retenir de lever ma canne sur lui.

Il me déclara, alors, qu'il était exempt de police, qu'il avait le bras plus long que ma canne et que plainte serait rendue. — « Apaisez-le, me dit tout bas sa prétendue parente, en lui donnant deux louis. C'est un ivrogne, il ira les boire et ne pensera plus à rien. » Je compris, à ce moment, que l'homme et la femme avaient été de connivence et que j'avais été joué par eux, qui avaient préparé cette machination, misant sur ma naïveté. Le dégoût me prit, et quoique la brèche fût assez forte pour ma bourse, je jetai à terre les deux louis, que le coquin ramassa. Mais on nous entourait déjà et je ne voulais pas que l'attention fût attirée sur moi de cette façon déplaisante. Voilà, Monsieur, encore une de mes bonnes fortunes, et j'enrage de mon défaut de perspicacité, mais ces mésaventures ne laissent pas que de m'instruire.

J'avais été la dupe d'une comédie, mais je vis bien que ces comédies, toujours aux dépens de quelqu'un, foisonnent sur le Boulevard. Je fus le témoin d'une autre, que les circonstances me permirent de suivre. Un couple de bourgeois se frayait un passage parmi la multitude. Un quidam soutint que ce passant, donnant le bras à une femme assez bien faite, dont il dépassait l'âge de beaucoup, lui avait, avec intention, marché sur le pied. Le bourgeois protesta qu'il n'avait marché sur le pied de personne, à quoi un démenti lui fut opposé. Vous eussiez été surpris de voir aussitôt trois ou quatre particuliers surgir aussitôt et, se mêlant à la discussion, donner raison au querelleur. Ce n'était, d'ailleurs, qu'un flux de paroles, comme s'il eût été de toute nécessité de juger le cas. La femme, qu'on eût dit fort effrayée de cette algarade, avait pris de la distance. Quand les arbitres, semblant différer à plaisir le prononcé de leur sentence eurent bien voulu reconnaître qu'il n'y avait eu aucune offense, le mari chercha vainement son épouse. Il n'était point étonnant qu'elle se fût perdue, au milieu de cette affluence de promeneurs. La vérité, comme le hasard me permit de m'en assurer plus tard, est qu'il y avait eu là une habile manœuvre. A la faveur de cette altercation, lui permettant de se soustraire à la vigilance d'un jaloux, la dame avait rejoint un galant officier, qui l'attendait au coin de la rue de La Tour, donnant sur le boulevard. C'était cet officier qui avait travesti des soldats de son régiment et leur avait donné l'ordre de susciter la dispute. Ainsi avait-il gagné, pour sa belle, une heure ou deux de liberté, qui durent être le mieux employées du monde.

Après ce temps, ce fut à la femme de chercher son mari et, quand elle le rencontra, feignant d'être irritée, elle lui fit les plus sanglants reproches d'avoir été abandonnée par lui. Ce pauvre benêt, fort loin de soupçonner qu'il eût été bafoué, s'excusait de son mieux et faisait à cette rouée mille cajoleries pour obtenir son pardon. Voici, Monsieur, de ces tours qui sont communs à Paris, où se prodigue une incroyable fertilité d'esprit pour se moquer des gens.

Il y eut, dans la foule, un grand mouvement. Un spectacle s'offrait à elle fort surprenant, à ce point qu'elle n'en croyait pas ses yeux. Une femme maniant avec dextérité son coursier, était apparue. Cette amazone hardie ne le cédait en rien pour l'adresse aux cavaliers, et, en dirigeant expertement sa monture au milieu de tous les obstacles, entendait montrer qu'elle avait fait son académie. Le fait qu'elle se risquait ainsi sur le Boulevard scandalisait les uns et incitait les autres à battre des mains. Mais tous s'accordaient sur la nouveauté de l'événement, et sur l'audace d'une telle originalité.

A point nommé, le défilé des voitures était dans sa plus furieuse action : les carrosses à sept glaces attelés de chevaux soupe-au-lait, les dormeuses, les berlines à cul-de-singe, les vis-à-vis, les soli, les phaétons, les gondoles, les cabriolets, les diables, se pressaient inlassablement. Je m'étais, ainsi que les autres, arrêté pour considérer l'amazone, qui ne semblait point embarrassée de ces milliers de regards braqués sur elle. Des cavaliers, dont l'étonnement n'était pas moindre que celui du public, avaient tenu à lui faire honneur de son initiative et ils l'entouraient, pour la saluer, à telles enseignes que les cochers, quoi qu'ils en eussent, avaient dû s'arrêter. Dans ce moment, une femme qui n'était point sans quelque élégance, s'abandonna à une extrême imprudence. Elle pensa profiter de ce temps d'arrêt pour monter dans le carrosse d'une personne de sa connaissance, mais avant qu'elle eût pu aborder ce carrosse, la file des voitures recommença à se remettre en mouvement. Je vis le danger que courait cette téméraire, que menaçaient en effet,

les chevaux, et, par une inspiration spontanée,
je m'élançai pour la soustraire à ce péril, en la
saisissant par la taille.

Sans doute ne comprit-elle pas la pure bienfaisance de mon geste, ne se rendant pas compte
qu'elle fut dans le cas d'être renversée. Elle me
traita d'insolent et me donna un soufflet. Je ne
sais par quel hasard elle se tira d'affaire, mais je
fus, quant à moi, jeté sous les roues d'un équipage. Il y eut miracle à ce que je restasse entier,
mais, piétiné comme je l'avais été, froissé, abimé,
j'étais hors d'état de me relever seul. Des gens
de bon cœur m'aidèrent à me remettre debout :
j'avais de la confusion à être vu ainsi, avec mes
membres endoloris et mon habit souillé de poussière, par une aussi nombreuse compagnie. Je
demandai qu'on me voulût bien conduire, pour
que j'eusse le temps de me remettre, au café le
plus voisin. C'était le café Alexandre, où l'on a
accoutumé de pénétrer en franchissant une longue barrière. comme on le fait au théâtre. Je
remerciai mes obligeants assistants ; je me devais apercevoir, un peu plus tard, que l'un d'eux
avait poussé cette assistance jusqu'à me soustraire
la bague que j'avais au doigt. Je repris peu à peu
mes esprits, n'étant, par fortune, qu'exténué et
rompu. J'examinai, pour me distraire, ce café,
qui a une longue façade, sans étage, sur la contre-
allée, où s'ouvre une vaste porte, mais deux Suisses empêchent d'entrer directement par cette
porte, d'où l'on a vue sur un magnifique jardin,
qui a une grande profondeur : on n'a accès dans
les salles qui sont agréablement décorées,
qu'après avoir passé par cette barrière dont je
vous ai parlé. Ce n'était pas encore l'heure où
toutes les tables se disputent. Cependant que,
après m'être fait donner un verre de ratafia, je

retrouvais mes forces, mais pour être marri de mon accoutrement, à la suite de mon accident, je remarquai non loin de moi un homme, à tournure militaire, d'aspect un peu rude, encore que ses traits annonçassent un fond de bonté. Il me regardait depuis un moment avec une sorte de sympathie bourrue.

— Mordieu, Monsieur, me dit-il avec intérêt, vous avez subi une fâcheuse mésaventure. Puis-je vous servir en quelque chose?

Je lui contai le désagrément auquel j'avais été exposé. Il hocha la tête.

— Si vous aviez mon expérience, reprit-il, vous vous garderiez bien de vous employer pour une femme. On expie toujours l'aide qu'on lui a portée.

Tout meurtri que je fusse, je protestai que, quoi que l'on risquât, il était du devoir d'un galant homme de se faire le protecteur du sexe.

— Ce sont là belles idées dont je suis fort revenu.

J'insistai auprès de lui pour connaître la raison de ses singuliers principes. Il s'approcha de moi et transporta sur ma table son verre de bière et l'assiette d'échaudés, auxquels il n'avait pas encore touché.

— Si je suis destiné à vieillir inutilement, dit-il, si je mène une vie oisive, alors que j'étais tout bouillant d'activité, si je traîne mes journées en ce café, c'est pour avoir été trop complaisant à l'égard d'une femme. Je m'appelle (ou plutôt, je m'appelais) M. de Rocquemont, et j'étais officier au régiment de Bouillon. Faites-moi la grâce de croire que je n'ai aucunement démérité dans le service, ni en ce qui touche à l'honneur. Je n'en ai pas moins été réduit à rompre ma carrière, pour fuir le ridicule. Vous avez encore sur le visage quelques traces de fatigue. Ecoutez mon histoire : votre jeunesse y trouvera peut-être une leçon.

M. de Rocquemont me narra, en effet, les curieux événements qui l'avaient, en quelque sorte, retranché du monde.

De cette promenade sur le Boulevard, si vanté, si prôné, où je n'ai éprouvé que désillusions, d'où je sors fourbu, ayant risqué de n'en point revenir, je n'ai emporté que cette histoire. Je vous la dirai. Mais en ce qui me concerne, je crains, Monsieur, en n'ayant à vous parler que de mes déboires, de ne point vous donner de moi, sur qui vous avez fait fond, une flatteuse opinion. Je ne puis que vous demander d'avoir quelque patience.

V

ROCQUEMONT-LA-DUÈGNE

Ce 25 de Juin 1770.

Je vous ai dit, Monsieur, ma rencontre, au café Alexandre, avec M. de Rocquemont, et je vous entretins du récit qu'il me fit, et qui me parut fort curieux. Je vous en ferai part, mais ce qui manquera, c'est le ton d'un homme, que l'on devine excellent sous sa brusquerie, mais qui, depuis longtemps, ne cesse de nourrir un grand dépit. Imaginez qu'il a quelque quarante ans, robustement portés. Il a le visage un peu rude : peut-être cette rudesse est-elle accentuée par une longue balafre qu'il a sur la joue gauche, venant d'une ancienne blessure. On sent en lui un air de loyauté. Ce n'est pas sans raison que je suis enclin à quelque défiance : cet homme-là, cependant, n'est point de ceux avec lesquels il soit utile de prendre des précautions. Sauf que l'ennui le ronge, à son ordinaire, il n'avait nul

intérêt à engager la conversation avec moi. Au
demeurant, bien que je sache qu'il se tient tous
les jours, l'après-dîner, à ce café, suis-je appelé
à le revoir? Je vous transcrirai donc son histoire,
telle qu'il me la conta.

« Je vous ai dit mon nom, fit-il, mais c'était
celui que je croyais m'appartenir... A la vérité,
je ne suis plus M. de Rocquemont, major au régiment de Bouillon : je suis Rocquemont-la-Duègne. Je n'ai point pourtant mission de chape-
ronner personne. Ce sobriquet a causé mon
malheur, et je dois ces malheurs à une trop
grande facilité d'obligeance.

Je suis un officier de fortune. Ma famille
n'était ni illustre, ni riche, et je n'eus d'autre
parti à prendre que de me fort attacher à mes
devoirs militaires. Je n'avais jamais eu que des
aventures de sièges et de batailles. On voulait bien
reconnaître que je me comportasse au feu avec
quelque bonne grâce (pardieu, c'était mon métier), mais, pour le reste, je me devais contenter
d'écouter, au bivouac ou dans la tranchée, la rela-
tion des bonnes fortunes des autres. Il s'en fallait,
cependant, que je n'eusse pas quelque romanesque dans l'âme.

Cette disposition vous fera comprendre comment, après avoir reçu les confidences d'un
jeune officier de mon régiment, M. de Brabançais, je fus, contre toute raison, accessible à sa
prière de l'aider dans l'entreprise la plus extra-
vagante : il ne s'agissait de rien moins que d'un
enlèvement.

La campagne de Minorque s'était achevée, et,
quand j'y pense, c'était bien la peine d'avoir
sacrifié tant de braves gens pour que les Anglais
nous reprissent cette île ! On ne se battait plus.

Nous tenions seulement garnison, n'ayant à réprimer que quelques mouvements.

Il est, à quelques distance de Mahon, une petite ville assez coquette, qui a nom Ciudadella. Envoyé en détachement dans cette ville, M. de Brabançais, qui est un joli petit homme, n'avait pas tardé à nouer une intrigue. Il avait échangé les plus brûlants regards avec une gracieuse Minorquine, fille de l'alcade. Des regards on en était venu aux paroles : M. de Brabançais est leste de propos et d'action ; il a de l'esprit et du jargon. De sorte que ce fut bientôt, des deux côtés, la passion la plus violente du monde. Cet officier ne rentra pas à Mahon, où il était rappelé, sans avoir convenu avec la señorita Mencia qu'il la viendrait secrètement chercher, car il avait fait serment (les serments ne lui coûtaient guère) de l'emmener jusqu'en France.

— Hé bien, lui dis-je, avec un intérêt que je ne sus pas assez dissimuler (une histoire d'enlèvement, j'en avais tant lu !) Voici qui est à merveille : je ne saurais donc que vous souhaiter bonne chance, si...

Et j'ajoutai, par acquit de conscience :

— Si je ne vous devais d'abord des remontrances. M. le Maréchal ne vint pas mettre le siège devant Mahon pour que vous jetiez le trouble dans les familles de l'île.

— Monsieur, me répondit-il, peut-être vous souvient-il que je n'ai pas boudé à l'assaut. Mais au point où en est mon amour, les plus pressants conseils ne pourraient m'empêcher de tenir la parole que j'ai engagée à doña Mencia. Elle m'attend, et elle a foi en moi pour la délivrer du joug qui pèse sur elle : ne lui veut-on pas faire épouser un homme qui serait d'âge à être son grand-père ? N'est-ce pas affreux ?

J'en convins. J'étais tout oreilles et gagné par la promesse du récit de l'aventure, quand elle aurait été menée à ses fins.

— Mes dispositions sont bien prises, continuat-il ; c'est par la mer que nous quitterons la ville qui, vous le savez, est entourée de murs. Je me suis assuré de la fidélité de deux bateliers, et une barque sera prête dans le port.

— Puisque, fis-je sans beaucoup de conviction, car j'eusse été fâché que le roman s'arrêtât à cette préface, puisque vous ne tenez point compte de mes avis...

— Hé, Monsieur, dit M. de Brabançais, que parlez-vous de vos avis ! Ce ne sont point ces avis que je sollicite, mais le plus grand service que vous me puissiez rendre... J'attends de votre amitié que vous soyez de l'expédition. — Moi?

— Refuse-t-on son assistance à un homme aussi épris que je le suis? Songez que je suis responsable de l'honneur et du salut d'une femme... En dépit de toutes les précautions dont je me suis assuré, imaginez que l'éveil soit donné ; il faudrait se défendre.

J'eus la vision de beaux coups d'épée, et qui n'eussent point été donnés, cette fois, pour le service du roi. Je me figurai de grands yeux noirs se tournant vers moi avec reconnaissance, dans un regard me payant de la galanterie de mon désintéressement. — « J'accepte », dis-je à M. de Brabançais.

Nous arrivâmes à Ciudadella, dans la nuit. Devant la maison de doña Mencia, il frappa trois fois dans ses mains. Mais deux ombres au lieu d'une, parurent. Je n'eus point le loisir de demander quelque explication. L'une des ombres, légère et fine, rejoignit M. de Brabançais. L'autre qui, en s'approchant, devint assez massive, m'aborda. Elle était encapuchonnée. De ce capuchon sortit une voix qui ne me sembla pas toute jeune. — « Je sais dit-elle, que je me fie à un vrai chevalier. Il faut bien (la dame eut un soupir langoureux) que je vous estime tel pour consentir à cette entrevue, objet de vos vœux. »

— Mes vœux? pensai-je, avec quelque surprise.

— Mais un attachement aussi constant que le vôtre doit être traité avec ménagement, et il justifie mon imprudence. Il est vrai que je fus touchée des sentiments que vous me fîtes exprimer.

Mon étonnement ne laissait pas que de croître. Elle souleva alors son voile, et, bien qu'il n'y eut d'autre clarté que celle des étoiles, j'eus un petit frisson, car le visage que j'entrevoyais était celui d'une personne mûre et fort dénuée de grâce.

L'autre couple, cependant, avait pris de l'avance. Il arrivait près du port, et M. de Brabançais faisait déjà signe aux bateliers, attendant à leur poste. Soudain, des cris retentirent derrière nous ; on venait, je ne sais par quelles conjonctures, de s'aviser de la fuite de doña Mencia. Je pressai le pas, entraînant ma compagne. Ne commettait-elle pas quelque méprise? Mais le moment n'était pas aux éclaircissements. Le malheur voulut que je me jetasse dans un maudit fossé, reste des travaux de défense, et je faillis m'y rompre le cou. Mon épée, ayant supporté le premier choc, se brisa. Hélas ! que j'étais loin des promesses héroïques que je m'étais promises ! Il me fallut l'aide des poursuivants pour que je fusse retiré, en piteux état, de cette sorte d'abîme. En tournant les yeux du côté de la mer, je distinguai, dans les premières transparences de l'aube, un point noir. Je restais l'impuissant prisonnier d'une foule irritée, et la dame âgée qui avait commencé avec moi la plus singulière conversation emplissait l'air de ses lamentations sur l'irrémédiable scandale dont elle se disait la victime.

On ne pouvait plus rien contre le ravisseur de doña Mencia, mais on tira de moi, Monsieur, la plus barbare vengeance. Doña Jacinta (ainsi s'appelle la matrone que j'avais enlevée sans le savoir), se plaignait d'être déshonorée. La ville entière, je crois bien, accourut, et lança contre moi les plus cruelles invectives. Que faire? Je m'étais à ce point meurtri dans ma chute que je chancelais, et je n'avais plus d'épée. L'alcade tint conseil avec quelques notables : on décida, et c'était bien la plus étrange aventure de cette nuit d'aventures, que je devais épouser sur-le-champ doña Jacinta. Je déclarai que je mourrais plutôt. On ne tint point compte de mes protestations. On me porta, car je ne pouvais plus marcher, dans une chapelle où un prêtre nous unit. Puis, à bout de forces, je perdis connaissance.

Je compris tardivement ce qui s'était passé. Doña Mencia n'avait pu quitter la maison sans la complicité de la duègne. Par une ruse assez infernale de M. de Brabançais et de sa maîtresse, on avait persuadé la crédule vieille qu'un autre officier s'était éperdûment épris d'elle. Que ne lui avait-on pas conté pour la décider à un accord dans la fuite? Elle avait accepté cette fable, et ainsi, avait-elle elle-même préparé le départ pour rejoindre le cavalier qu'on lui avait donné comme soupirant.

Quelques jours plus tard, bien qu'encore mal

en point, je parvenais, au prix de mille artifices, à regagner Mahon, et mon premier soin était
de demander raison à M. de Brabançais de la
liberté avec laquelle il avait usé de moi. Je le
blessai à l'épaule. Médiocre satisfaction ! En rentrant chez moi, la première personne que j'aperçus fut doña Jacinta — ma femme — qui avait
su me trouver et qui ne me voulait point quitter,
en arguant de son titre d'épouse. Je dus la faire
congédier par deux grenadiers, mais elle revint,
elle ne cessa point de revenir, et, dans le temps
même que je me croyais le mieux à l'abri de
ses poursuites, je la voyais apparaître.

M. de Guénant, qui commandait les troupes,
eut vent de cette affaire, et m'adressa les plus
amers reproches, en insistant sur ce point que sa
politique exigeait que les habitants de l'île
n'eussent point à se dire molestés par les Français. Il voulut bien, cependant, écouter les expli-
cations que je lui donnai, et il en sourit. Mais il
déclara que, pour ne pas indisposer les Minor-
quins, il devait, bien qu'il compatît à mon infortune, reconnaître mon mariage pour valable.

Mais les officiers du corps d'occupation ne
m'épargnèrent pas les brocards. C'est alors que
je devins, d'un surnom qui devait me rester,
quoi que je fisse, Rocquemont-la-Duègne. Je
châtiai, assurément, quelques insolents, mais
a-t-on raison de toute une armée ? Chez ceux-là
même qui se taisaient, je sentais la moquerie.
Je demandai à être renvoyé en France, et mes
démarches me firent désigner pour un régiment
qui se tenait en Flandre. J'avais lieu d'espérer
qu'on me laisserait en repos, mais les nouvelles
malicieuses se répandent avec une rapidité singulière. Des lettres de Minorque avaient fait connaître ma disgrâce. Je ne tardai pas à me con-

vaincre, quelque réserve qu'on voulût d'abord garder, qu'on en était instruit. Dans la familiarité qui s'établit entre gens de même état, on n'eut plus cette discrétion. Quelqu'un me fit la méchante plaisanterie, qu'il paya un peu cher, de m'annoncer l'arrivée de Doña Jacinta. Je vis bien, en dépit de cinq ou six duels sérieux, que je serais toujours Rocquemont-la-Duègne, que je ne saurais faire oublier la légende qui pesait sur moi, car elle se transmettait partout. Nous vivons dans un pays où l'on se ferait tuer plutôt que de renoncer à une raillerie, fût-elle la plus usagée. J'étais d'humeur confiante et serviable. Je n'eus plus que de l'aigreur. J'en vins à avoir peur, oui, Monsieur, peur, moi qui étais le premier aux assauts, d'une allusion à mes déboires.

J'abandonnai la carrière des armes, qui était la seule pour laquelle je me sentisse du goût. Je dus me réfugier à Paris, où il est possible de se faire ignorer. Je vis chichement d'une maigre pension, je supporte mal mon oisiveté, j'ai peu de commerce avec les hommes. Je ne les considère plus guère que de cette table de café, où ce que je vois et entends me fortifierait facilement dans ma misanthropie.

Si je crus devoir vous entretenir des injures du sort à mon égard, c'est que, votre jeunesse et votre air de franchise m'intéressèrent et que je voulus mettre en garde votre généreuse inexpérience contre de premiers mouvements, quand il s'agit des femmes. Moins prompt à de la complaisance, je n'eusse point connu les traverses qui ont fait de moi une sorte de loup-garou. Au demeurant, le sexe n'étant point en jeu, disposez de moi. »

Ce fut là le discours que me tint M. de Rocquemont. Bien qu'il ait des motifs à ses ressentiments, sa morale me parut un peu sèche, et je ne saurais m'en nourrir. Mieux valent de belles imprudences. Il n'est point, Monsieur, que des ingrates ou des fourbes, et je compte bien avoir à vous annoncer, quelque jour, une glorieuse conquête, qui me dédommagera de mes premières épreuves.

VI

Une initiation

Ce 3 d'Août 1770.

Il ne sera pas dit, Monsieur, que je serai toujours dupé. Je ne laisse pas que de me former et de démêler les pièges qui sont sans cesse tendus à un novice de la vie de Paris. Il est vrai que, poussé par mon désir de me distinguer, je fus d'abord de la dernière étourderie. Mais j'ai si grande hâte de pouvoir vous informer de quelque action qui justifie les espoirs que vous voulûtes bien fonder sur moi !

Je me promenais dans le Palais-Royal, rêvant aux moyens de faire une brillante entrée dans le monde. J'avais arpenté l'allée de Foy ; j'avais vu se grouper autour d'un arbre au tronc puissant qu'on appelle l'arbre de Cracovie, des gens paraissant fort affairés. Ce sont les nouvellistes qui font et défont les mariages princiers, concluent des traités, déplacent les ministres, régissent l'Europe par le seul effet de leur imagination. Je m'étais assis sur un banc, voisin du grand portique de treillage que décorent trois figures placées dans des niches. Une jeune femme, dont les allures ne disaient que trop l'indigne commerce auquel elle se livrait, vint, d'un ton fort humble, me prier que je consentisse à la souffrir un instant près de moi. Elle sollicitait ma protection, en me montrant un des suisses qui ont mission d'exercer la police du jardin. Il l'avait poursuivie, armé d'un fouet et, se dissimulant sous les ormes en boule qui entourent le grand parterre de gazon, elle lui avait échappé. Les règlements interdisent, bien qu'ils soient constamment transgressés, la présence des demoiselles de la petite bande. Elle me dit qu'elle avait omis d'acheter la tolérance du suisse par quelque bonne main, comme font les autres, et que c'était pour cette raison que cet homme s'acharnait contre elle. Elle accusa les gardes du jardin de toutes sortes de vilenies. En permettant qu'elle se reposât à mes côtés, j'assurais sa sauvegarde. Il y eut eu de l'inhumanité à lui refuser cette grâce, mais je n'avais nul désir d'un entretien avec cette nymphe défraîchie, et je ne la supportai que jusqu'au moment où le suisse eut décidément tourné le dos. D'autres objets, qui dissipaient ce dégoût, attiraient mon attention. J'enviais l'aisance de quelques promeneurs et je m'attachais à étudier leurs manières.

Enfin, je me levai, et, dans le temps que je parcourais l'allée des marronniers, j'eus une extrême surprise. Un homme d'assez bonne mine, m'aborda fort courtoisement, en ôtant son chapeau.

— Monsieur, me dit-il, j'attends votre ordre pour me couvrir. Je répondis à cette politesse par le même geste, de sorte que nous fussions demeurés tête nue, si nous n'eussions fini par sourire de ces égards que nous nous témoignions.

— Monsieur le Comte, reprit ce galant

homme, j'ai pris la liberté d'engager la conversation avec vous pour vous adresser des reproches.

— A moi, Monsieur ?

— Songez-vous que la constance de votre attachement pour Mme de Merville est une manière de scandale ? Vous l'avez prise, en prévenant les desseins que j'avais sur elle. Je m'inclinai devant votre fantaisie, et je pris le parti d'attendre qu'elle fût passée pour satisfaire la mienne. Mais voici trois ou quatre mois que vous la possédez, sans que votre goût soit épuisé. Vous êtes trop équitable pour ne point admettre mon impatience, car c'est un terme trop long pour ravir aux autres cette femme désirable.

— Monsieur, lui dis-je, je ne comprends aucunement votre discours.

— Hé quoi ! Vous voulez faire le discret, quand tout Paris connaît votre liaison !

— Paris, Monsieur, se trompe fort sur mon compte, et, au portrait que vous tracez de cette personne, je suis pénétré de regrets qu'il s'abuse.

— Grands dieux ! fit soudain le survenant qui m'avait posé cette énigme, n'ai-je point l'honneur de parler au comte de Grancour ?

— Je suis le chevalier de Fagnes.

— Quelle erreur fut la mienne, mais qui ne se serait trompé à une telle ressemblance ? Je viens d'être un grand sot. Tout au moins, de cette façon bizarre, me suis-je donné le plaisir de lier conversation avec un aimable gentilhomme, m'inspirant la plus vive sympathie, et nous ne saurions nous quitter sans avoir poussé plus loin notre connaissance.

Il déclara qu'il se nommait le baron de Dormeuil et ajouta qu'il était fort répandu dans le monde, et qu'il serait charmé de pouvoir m'être utile. Il témoignait d'une parfaite urbanité, et je fus gagné par ses manières affables. Il me pria d'accepter que nous nous reposions au café de Jousserand, car, me dit-il, sa vivacité naturelle répugnait à la gravité des joueurs d'échecs du café de la Régence, et il comprenait mal que des gens passassent des heures, avec une grande contention d'esprit, à pousser du bois. Il aimait, quant à lui, les émotions du jeu, où le hasard décide rapidement du gain ou de la perte.

Quand nous fûmes installés devant une table, il me dit que, puisqu'il avait prononcé le nom de Mme de Merville, il pouvait ajouter qu'elle avait toutes les grâces et qu'il souhaitait depuis longtemps être avoué par elle. Il ne s'en était fallu que de peu qu'il ne précédât le comte de Grancour dans son intimité. Il se fâchait que le comte, qu'il entendait remplacer, s'attardât, avec une sorte de candeur dont il était surpris, dans cette liaison avec une femme connue, d'ailleurs, pour se plaire au changement. Il parlait avec une brillante légèreté, que j'admirais en pensant que j'aurais fort à faire pour devenir un jour, comme lui, un homme à la mode.

Il demanda des cartes et, tout en causant, en contant cent traits plaisants sur la société de Paris, il me gagna quelques parties. Puis il me questionna avec intérêt sur mes ambitions, et je lui dis avec sincérité, car ce diable d'homme m'avait mis tout de suite sur le ton de la franchise, que je voulais être jeté dans une grande aventure, où j'eusse à montrer l'ardeur et le courage que je sentais en moi et qui attirât, sur moi, l'estime publique. Je lui confiai que c'était par quelque action d'éclat, dont je cherchais l'occasion, que j'entendais parvenir. Il me félicita de mes dispositions, en convenant qu'il était ignoble de courir après la fortune par de petits et lents moyens, et qu'il fallait frapper d'un coup l'opinion, et conquérir une renommée, qui pose un homme et lui donne, en un jour, de la considération. Il secondait trop mes vues pour que je ne l'écoutasse point volontiers. Il ajouta qu'il était lui-même parvenu à la situation qu'il occupait en se conduisant, en une circonstance qu'il ne pouvait pas encore me révéler, avec la détermination la plus hardie.

— Je suis, me dit-il, dans le cas de vous servir en vos desseins, que j'approuve. Je vous crois capable de résolution et d'audace. Encore suis-je tenu à de la discrétion. Vous plaît-il de vous trouver demain matin, à onze heures, au Palais-Royal, à l'endroit même où j'eus la bonne fortune de vous rencontrer ? Deux personnes, auxquelles vous pourrez vous fier, car elles dépendent de moi, se présenteront à vous, en se recommandant de mon nom. Je vous engage à les suivre : elles ne voudront que votre bien.

Le baron de Dormeuil me quitta, non sans de chaudes protestations d'amitié, en m'assurant que sa méprise aurait pour moi des résultats heureux, et qu'il serait ravi de favoriser des inclinations qui lui donnaient une parfaite idée de mon caractère.

Je vous avoue, Monsieur, que je restai fort intrigué, jusqu'au lendemain, par le mystère dont, après sa facilité d'épanchements, s'était entouré M. de Dormeuil. A l'heure indiquée, je vis apparaître deux hommes qui, à la vérité, avaient moins bonne apparence que celui par lequel ils étaient envoyés.

— Nous sommes aux ordres de M. le baron, firent-ils. Par l'obéissance absolue que nous lui devons, nous avons mission de vous conduire jusqu'à lui, si nous avons obtenu de vous le serment de ne divulguer aucunement ce que vous verrez.

Je promis de me soumettre à cette règle.

— Peut-être, dit l'un d'eux, conviendrait-il de prendre un carrosse, le lieu où nous nous rendons étant assez éloigné.

Nous montâmes donc dans une voiture, que je payai, et, après un trajet fort long, nous descendîmes devant un assez méchant cabaret. Nous traversâmes une salle qui donnait accès à une autre, où se tenait M. de Dormeuil, mais non plus d'humeur frivole comme la veille. Sur ses épaules flottait un grand manteau rouge, et il avait posé sur sa perruque une manière de cercle.

— Je suis content de vous, me dit-il. Vous êtes sorti à votre honneur de la première épreuve, qui était de suivre, sans savoir où ils vous menaient, des inconnus. Vous êtes digne de premier degré de l'initiation à notre Ordre. Vous avez de chevaleresques appétits : vous pourrez les satisfaire, car cette société, dont je suis le grand-maître, s'est donnée pour tâche de soutenir, fût-ce au péril de la vie de ses affiliés, les nobles causes. Ses membres, unis par le même point d'honneur, se jurent une inviolable fidélité. Vous serez surpris, quand vous aurez mérité d'être mieux instruit de nos lois, de connaître leurs noms, qui sont parmi les plus illustres. Des femmes partagent même nos sublimes ambitions. Il s'en suit, pour accomplir de grandes choses, un vœu de fraternité entre les adeptes.

Je répondis que je nourrissais le rêve d'accomplir de ces grandes choses, et que je ne manquais pas de vaillance.

— Je le sais, reprit M. de Dormeuil, et c'est pour cette raison que j'ai proposé au conseil de notre Ordre que vous fussiez admis parmi nous. On saura compter sur votre épée. Notre œuvre de justice exige parfois des sacrifices, mais ces sacrifices ont aussi leur récompense, par l'aide réciproque qu'on s'est promise.

Je vous confesse, Monsieur, que ces promesses me remplissaient d'aise. Elles me faisaient entrevoir ces exploits que vous m'invitâtes à réaliser et dont la pensée me hante. Le secret qu'on exigeait donnait du romanesque à cette scène. M. de Dormeuil me dévoila alors que l'Ordre s'appelait l'Ordre des Fendeurs, et que le signe de reconnaissance entre ses associés était, comme en jouant avec les doigts, de tracer le dessin d'une F majuscule.

Je hasardai, cependant, que l'appareil me paraissait peu solennel pour ma réception, et qu'elle se passait dans une manière de bouge.

— C'est pour dérouter les curiosités, fit-il, et assurer le secret qui nous est nécessaire. Ces messieurs (et il montra ses deux acolytes) suffisent comme témoins. Au demeurant, à un degré supérieur, lorsque vous l'aurez gagné, vous serez convié à des réunions qui se tiennent (il baissa la voix) jusque dans des palais.

Il me fit toucher trois fois le cercle qui lui entourait la tête, et je dus, par trois fois aussi, tourner autour de lui. Je savais que des sociétés se sont constituées, telles que la Frey-Maçonnerie, qui imposent aux néophytes quelques rites, par quoi ils cessent d'être des profanes, mais les simagrées auxquelles j'étais contraint me parurent assez ridicules.

M. de Dormeuil me déclara profès au premier échelon de l'Ordre et m'embrassa. Je ne sais par quel avertissement mon enthousiasme s'éteignait peu à peu. Entre le Grand-Maître et un des hommes qui m'avaient conduit, je surpris un sourire d'intelligence, qui me tint sur mes gardes. Ma promptitude à m'enflammer pour de vastes desseins ne m'avait-elle pas fait tomber dans quelque panneau ?

— Hé bien, me dit le baron, vous voici satisfait. Un diplôme sera établi à votre nom. Il ne reste plus qu'à vous prêter à une formalité, qui est l'acquittement du droit d'entrée dans l'Ordre. Il n'est que de quatre louis.

Outre que cette somme était élevée pour moi, je commençais à me défier.

— Ma foi, répondis-je, vous voudrez bien souffrir que, pour cette formalité-là, je prenne quelque temps.

Vous eussiez vu, alors, Monsieur, le baron et ses compagnons changer de physionomie et trahir leur cupidité.

— Point, dit-il, vous êtes, maintenant, en possession de nos pratiques, et il nous importe d'avoir la garantie de votre silence. Me suis-je abusé sur vous ? Vous ne sortirez pas d'ici sans nous avoir donné caution.

Un trait de lumière se fit tardivement en moi.

— Vous vous êtes en effet abusé sur ma crédulité, m'écriai-je. Permettez que, à mon tour, j'use de quelque prudence. Veuillez me prouver que le nom et le titre dont vous vous parez vous appartiennent, et que vous n'êtes pas un rabatteur de ces jeunes gens qui gardent encore un air de leur province, les abordant sous un prétexte, et, pour les exploiter, tablant sur le faible que vous avez découvert en eux.

— Mais c'est une offense de la dernière conséquence...

— Que je suis homme à soutenir, dis-je en
mettant la main sur la garde de mon épée.

Le prétendu Grand-Maître avait pris une tout
autre contenance. Son masque de feinte élégance
s'était évanoui et ne dissimulait plus la bassesse
de son visage. Il n'y avait plus en lui l'habile
comédien qui s'était plu à me leurrer, mais un
coquin furieux d'être mis à sa vraie place. Un
de ses complices avait fermé la porte et pris la
clef. Le faux baron de Dormeuil exigeait, à
présent, que je payasse une rançon pour être
libre. Pardieu, Monsieur, je sentis en moi de
l'allégresse à pouvoir me dépenser, s'il en était
besoin. Je ne fus pas long à bousculer ces trois
filous et à les contraindre à me livrer passage,
les laissant fort décontenancés de ma résistance.
Je donnai, en partant, cet avis à mon dupeur de
ne pas trop se faire illusion sur la figure des
gens.

Il faut faire bien des écoles, à Paris, Monsieur.
Celle-ci, du moins, ne m'a pas coûté cher. Mais
quand aurai-je la véritable aventure que j'attends
et que, pour vous réjouir, je pourrai vous conter
avec quelque fierté ?

VII

L'Affaire du garde du corps

Ce 14 de Septembre 1770.

Quelque retard, Monsieur, a été apporté à cette lettre. Hélas, ce ne fut point pour une cause heureuse. Dans le moment que je vous écris, je suis encore fort perclus, et je me trouve dans la situation la plus fâcheuse, qui pourrait bien aboutir à me jeter loin de mes rêves ambitieux.

La fantaisie me prit de refaire le voyage de Versailles, où la curiosité m'avait mené dès les premiers jours de mon arrivée. J'étais mû par je ne sais quel espoir d'une rencontre utile, fondé, au demeurant, sur un pur hasard. J'éprouve de l'impatience à n'avoir pas trouvé une occasion de prouver qu'on aurait à faire fond sur moi.

La première fois, j'avais pris la galiote jusqu'à Sèvres et j'avais gagné, à pied, la ville qui doit à la cour son éclat, de sorte que j'avais été incommodé par la poussière, et que je n'eusse guère fait figure dans l'éventualité de circonstances favorables. En cette nouvelle occasion, je montai modestement dans le carabas, qui est la voiture des gens du commun. Encore avais-je dû disputer ma place, car c'était jour de grand couvert, et il y avait affluence de curieux. Les huissiers ne laissant entrer que les personnes décemment vêtues, celles dont j'étais le voisin, assez pressé par elles, étaient du moins, si elles gardaient de la vulgarité dans leurs propos, fort propres en leurs habits. Apparemment que, au retour, elles ne tariront pas en réflexions sur les grands appartements, sur le dîner du monarque, sur la façon dont il est servi, sur l'étiquette, sur les particularités qu'elles ont remarquées : « Le roi souriait..., le roi mangeait de bel appétit..., le roi n'a cependant fait que toucher à un plat de bon aspect... » L'imagination suscite, pour beaucoup, ces considérations, car, fût-ce en se haussant sur la pointe des pieds, on jouit peu du spectacle. On dut parler aussi de la ménagerie, qu'on ne manque point de visiter et du dromadaire qui est abreuvé chaque jour, assure-t-on, de six bouteilles de vin de Bourgogne.

Je ne souhaitais donc pas me mêler à cette bourgeoisie. Mais je voulais, aux abords du château, observer les manières des gens de qualité, et, comme pour une leçon d'expérience, lire sur leur visage les raisons de leur faveur. La naissance n'avait point donné à tous les privilèges dont ils se pouvaient targuer. Assurément, l'intrigue avait servi certains d'entre eux. Mais, parmi tant de physionomies, je cherchais celles qui eussent dit des droits bien gagnés par le mérite. Ainsi, fût-ce au risque d'erreurs, je me représentais la destinée de ceux qui passaient ou descendaient de carrosse. J'opposais à la bouffissure des uns le maintien d'une dignité simple des autres. Peut-être quelqu'un de ces derniers avait-il été comme moi un petit gentilhomme dépourvu de fortune et dénué de protection, tout bouillant d'ardeur, cependant, dont les circonstances avaient permis d'éprouver la vaillance et la fermeté d'âme. N'en serait-il pas semblablement pour moi ? Je sentais que je n'étais pas fait pour végéter. Telles étaient les réflexions auxquelles je m'abandonnais.

Mais il s'en faut que mes affaires se soient avancées... Vous ne lirez pas sans dépit, Monsieur, le récit que j'ai la confusion de mettre sous vos yeux.

Après avoir fait ma provision de remarques, je m'étais éloigné peu à peu de la foule, et, tout en songeant, j'avais contourné l'aile droite du château. Le grand mouvement ne s'étendait plus jusque-là. On eût dit, à côté du bruit, le désert. Soudain, j'entendis un cri de douleur, et je vis s'avancer, s'accrochant au mur, un homme vêtu de l'habit des gardes-du-corps, et qui perdait son sang par plusieurs blessures. A quelques pas de moi, il chancela. Je me portai à son secours.

— On m'a assassiné, dit-il, d'une voix faible, et je vais expirer.

Je le soulevai, et pour parer au plus pressé, je fis en sorte de l'asseoir par terre, le dos appuyé contre une borne. Je l'exhortai à ne point désespérer de son état, en l'assurant que j'allais lui faire donner des soins, et je lui demandai de donner, autant qu'il pût parler, quelques indications relatives à l'attentat dont il avait été victime. Mais le souffle lui manquait, et il perdait le sentiment. J'appelai à l'aide, ayant couru dans la direction de la place, et quelques personnes survinrent. Parmi elles, se trouvait, par fortune, un apprenti chirurgien qui, par des moyens élémentaires, tenta d'arrêter l'épanchement du sang. Le blessé rouvrit les yeux et put dire qu'il s'appelait M. de la Chaux, et qu'il avait été joint par deux particuliers, un abbé et un homme de forte corpulence, habillé d'un habit vert foncé. Ces détails ne furent obtenus

qu'entrecoupés de plaintes ou interrompus par
des suffocations. L'abbé et l'autre avaient sollicité de M. de la Chaux d'être introduits au château, mais non pas à la façon qui était celle du
public, insistant sur les motifs pressants qui
leur faisaient demander son intervention. Le
garde-du-corps avait refusé. Alors, les deux
hommes l'avaient frappé à coups de poignard en
lui disant, ce qui prouvait leur intention de le
tuer, que, du moins, il ne pourrait dire à qui
que ce fût, la démarche qu'ils avaient faite
auprès de lui... Les criminels s'étaient enfuis
pour gagner, apparemment, la route de Paris...

Cependant qu'on s'apprêtait à transporter l'infortuné M. de la Chaux en un lieu où il serait
loisible d'apporter quelque adoucissement à ses
souffrances, un rassemblement s'était formé et
on se livrait à bien des commentaires sur l'événement. Quel but avaient poursuivi les assassins
en essayant de séduire un officier du château ?
On frémissait à l'idée qu'ils visaient peut-être au
plus haut, et les plus alarmantes conjectures
venaient à l'esprit. La consternation était sur
tous les visages. N'était-ce pas contre la vie
même du roi qu'un attentat avait été projeté ?
Déjà, certains désignaient le bras qui avait armé
les meurtriers, qui étaient ou des affiliés à la
Société (1) ou deux de ses membres, ayant pris
un déguisement. Leur arrestation eût été de la
dernière importance, mais du temps serait perdu
avant que les informations commençassent,
fût-ce avec la plus grande diligence, et ces misérables échapperaient peut-être aux recherches.

(1) Les Jésuites, expulsés de France. « Le sentiment unanime
est que cette Société est seule capable d'enfanter de si abominables projets ». (Lettre de Mme de M... à M. de Mopinot, au
sujet de cet attentat.) Les documents contemporains attestent
que ce fut la première opinion qui se répandit. (Note de
l'éditeur.)

C'est alors qu'une inspiration me vint soudain. Je priai M. de la Chaux de faire un effort et de donner les précisions dont il pourrait se souvenir sur ses agresseurs. Il répéta que, l'un d'eux, celui qu'il avait le mieux dévisagé, était grand et fort, de plus de quarante ans, avec un air de santé, que son habit était des plus simples et qu'il était chaussé d'assez gros souliers qui ne pouvaient point n'être pas remarqués. Quant à l'abbé, il semblait de petite taille, à côté de son robuste complice. Il avait d'épais sourcils, le nez fort pointu et, sur une des joues, un signe très visible.

J'étais encore le seul qui possédât ces signalements. Je résolus de me mettre à la poursuite des assassins. Je cherchais à me mettre en évidence par un coup d'éclat : quelle gloire pour moi si je pouvais empêcher que ces misérables eussent le bénéfice de l'impunité ! Je ne doutais point qu'ils se fussent, en effet, concertés pour un crime dirigé contre le monarque. Supposé que je les découvrisse et que je les ramenasse en prisonniers, on ne parlerait plus que de ma présence d'esprit et de mon courage ; on me décernerait mille louanges ; peut-être aurais-je l'honneur d'être présenté au ministre, M. d'Argenson, qui rendrait de moi bon compte au roi, et ce serait le commencement de ma fortune.

Les scélérats ne devaient pas être encore fort loin. Je fis cette réflexion que la prudence les invitait à ne s'être point jetés dans une voiture, dont le cocher, fût-il à leurs ordres, eût été dans le cas de les dénoncer. S'ils avaient tout d'abord couru, ils avaient dû bientôt ralentir leurs pas, afin de ne se point signaler par leur allure rapide et de passer pour d'inoffensifs promeneurs. Ce calcul, s'ils avaient, selon les indications de

M. de la Chaux, pris la route de Paris, me donna de l'espoir. Je pensai, toutefois, qu'ils s'étaient vraisemblablement séparés ; mais, que je pusse atteindre l'un d'eux, je me contenterais de cette victoire, qui amènerait presque infailliblement la capture de l'autre.

Je me hâtai donc, examinant avec soin tous les passants, cherchant, cependant, à prendre de l'avance sur les fugitifs. Il ne se trouvait personne qui leur ressemblât, mais je n'avais garde de me décourager. Sans doute, ils auraient pu prendre quelque chemin de traverse : il y avait chance, néanmoins, qu'ils eussent suivi la grande route, où, leur forfait n'étant pas encore connu, ils n'attireraient pas sur eux une attention qui, par le souvenir qu'on en aurait gardé, donnerait, plus tard, des indices pour les découvrir.

J'avais quelque dépit, quoi qu'il en fût, de la vanité de mes investigations : il était dur de se voir traverser dans un projet aussi louable. Mais, quand j'eus dépassé le hameau de Viroflay, j'aperçus soudain un homme grand et gros, d'apparence robuste. Il était vêtu d'un habit vert, et il était chaussé de souliers épais. Je fus agité de pressentiment que je tenais le coupable que je cherchais. Jugez de mon émotion, Monsieur, quand, en le regardant d'assez près, avec des précautions pour me composer encore un air indifférent, je distinguai sur son jabot, fort simple, quelques gouttes de sang. Apparemment qu'il ne s'était pas avisé de ces preuves de son crime. Il y avait aussi du sang sur ses manchettes. Mes présomptions s'étant fortifiées par cette circonstance, outre que son extérieur répondait aux indications données par M. de la Chaux, je n'hésitai plus. Je lui barrai la route. Il témoigna d'un vif étonnement, qui me parut joué.

— C'est vous, lui dis-je, qui avez assassiné le garde-du-corps.

— Quel garde-du-corps ? demanda-t-il, ne se mettant point sur la défensive, ce que je pris pour de l'habileté de sa part, afin de m'abuser. Il avait même quelque semblant de bonhomie : on eût dit qu'il eût été tout à coup tiré de quelque rêverie.

— Ce sang, qui est celui de votre victime, vous accuse assez clairement.

— Eh, fit-il, ne peut-on plus saigner par le nez ?

Je pensai qu'il s'attachait à feindre cette tranquillité d'esprit, et, en effet, il me dit qu'il ne concevait point cette plaisanterie, et qu'elle eût à cesser. Mais ma conviction s'était faite. Vous confesserais-je que, à ce moment, alors que j'étais tout frémissant d'ardeur, je me voyais déjà recevant, en affectant la modestie, des louanges pour ma perspicacité ? Je m'étais placé devant lui. Il voulut m'écarter de la main.

— Quelle est cette persécution ? reprit-il.

Je lui répondis qu'il n'aurait point impunément mis à mal un officier du roi, qui, peut-être, expirait dans le moment, et, en une attitude résolue, je tirai mon épée, lui donnant l'ordre de me suivre. Je l'entendis faire cette réflexion qu'il était singulier qu'on ne gardât pas avec plus de soins les pensionnaires des Petites-Maisons.

— Pardieu, dis-je, je ne suis point dupe de votre dissimulation. Vous avez poignardé l'infortuné M. de la Chaux dont je serai le justicier, et je vous somme de vous rendre à moi. Si je n'ai pu, dans le même temps, mettre la main sur votre complice l'abbé, vous répondrez pour lui.

Je dus sentir la vigueur de son poignet, qui fut telle qu'il me contraignit à laisser tomber mon épée. C'est de quoi je fus mortifié, mais je la ramassai promptement, et comme il faisait mine de s'éloigner, je me retrouvai en quelques pas face à face avec lui, en le menaçant de la pointe de cette arme. J'ai de la confusion, Monsieur, à vous dire que, ne gardant plus sa placidité, mais se montrant fort irrité, il m'arracha de nouveau mon épée, et, avec une force brutale, la rompit sur son genou. La fureur s'était emparée de moi, et, puisque j'étais contraint à me servir de mes mains, je me jetai sur lui et le pris à la gorge. J'entendais avoir le dernier mot et ramener l'assassin à Versailles, en tant que mon prisonnier.

— Il faut donc, dit-il, que je me débarrasse de vous ?

Confesserai-je tout le fâcheux de mes mécomptes ? Cet homme, doué d'une puissance de muscles qu'on n'eût pas soupçonnée, ne rougit point de m'accabler de coups de poing, comme si j'eusse été un manant, et l'un de ces coups fut si rude que je roulai jusqu'au fossé de la route, étourdi à ce point que j'ai perdu le souvenir de ce qui m'advint ensuite. Quand je rouvris les yeux, quelques personnes m'entouraient. Je sentais de grandes douleurs dans tout le corps, mon front saignait, mes habits étaient déchirés. J'étais hors d'état de me tenir debout. Ces passants supposèrent que j'avais été attaqué et que mes agresseurs avaient pris la fuite. Ils dirent qu'il y avait lieu de me porter à l'hôpital et on m'y conduisit, en effet, dans une charrette dont le voiturier se rendait à Versailles. L'indigne façon dont j'avais été traité, la honte de ces violences qui s'étaient exercées sur moi me jetèrent pendant trois jours dans le délire. Ce fut avec une grande surprise que je me retrouvai dans un lit sordide. Un chirurgien qui m'examinait dans cet instant recommanda qu'on me laissât en repos, en ajoutant que si j'avais été en fort mauvais point, si je me devais ressentir quelque temps de ces meurtrissures, mon organisme n'avait pas été atteint. Mais, le surlendemain, ce ne fut pas le chirurgien qui apparut, ce fut un commissaire, qui m'interrogea sévèrement.

— Voilà donc, me dit-il, où mène la débauche qui entraîne tous les vices ! Ils vous conduisirent jusqu'à l'action la plus abjecte. Vous en vîntes à vous ruer, pour le dépouiller, sur un homme que vous jugiez pourvu de quelque argent.

Je ne saurais donner l'idée de ma stupeur devant cette accusation. Je répliquai que rien n'était plus faux au monde. Mais telle était l'étrangeté de ce grief que les paroles me faisaient d'abord défaut pour me défendre.

— Vous ne fûtes pas bien inspiré en vous en prenant à une personne qui a le bras long, et qui a porté plainte, demandant qu'une exacte justice soit rendue. Cette personne n'est autre que M. l'Envoyé de Genève, et j'ai reçu des magistrats l'ordre d'informer contre vous. Je ne vous dissimule point que votre cas est fort grave. Vous ne quitterez l'hôpital que pour la prison.

Il me laissa, jeté dans les réflexions les plus amères qui fussent. Je m'étais trompé en pensant voir un criminel en un homme parfaitement étranger à l'affaire du garde-du-corps. Je voulais douter encore, cependant. Quelle apparence y avait-il que M. l'Envoyé de Genève fît, à pied, le chemin de Paris, et qu'il eût cette simplicité de costume ? Mais le commissaire m'apprit, que cet ambassadeur d'un état de Suisse, M. Sellon, n'avait nulle morgue, qu'il n'accordait aux obligations de l'étiquette que l'indispensable, et que, dans le privé, il aimait ses aises. S'il portait de gros souliers, c'est qu'il avait du goût pour la marche, de sorte qu'il n'avait pas besoin de son carrosse pour revenir de Versailles à Paris.

Je pus enfin, non sans avoir eu beaucoup de peine à vaincre de désavantageux préjugés à mon égard, expliquer enfin les raisons de mon erreur et dire le sentiment qui m'avait poussé à venger le meurtre de M. de la Chaux. Le commissaire eut un sourire plein d'ironie.

— M. de la Chaux, me dit-il, est, présentement, en meilleure santé que vous. Ses blessures n'étaient qu'égratignures, et par le motif qu'il se les était faites lui-même, ainsi qu'il a été reconnu. Il ne fut qu'un imposteur qui, pour obtenir une pension (car il est fort endetté) avait imaginé ce roman de son assassinat, en tentant de faire croire qu'il avait prévenu, par son zèle, l'exposant à perdre la vie, le plus grand des malheurs. Il se ménagea un peu trop pour donner créance à sa fable.

— Mais, m'écriai-je, et l'abbé, et l'homme en habit vert ?

— Il les inventa de toutes pièces, et vous fûtes bien prompt à ajouter foi à ce conte.

C'était donc un impudent mensonge, qui était la cause de mes vicissitudes. Mais si ma bonne foi apparaissait certaine, je n'en étais pas moins, par ma faute, par ma malencontreuse inspiration, que j'avais estimée généreuse, dans la plus déplorable posture. Je ne vois que trop qu'il faut se garder de se dévouer à l'étourderie.

J'ai eu les côtes presque brisées, je suis privé de ma liberté, je ne sais ce qui m'attend, et le

pis est que je me suis jeté dans le ridicule. Voilà,
Monsieur, ce qu'il m'en a coûté pour avoir cédé
à un mouvement chevaleresque. Je tiens pour
singulièrement pénible l'obligation de me rendre
compte qu'il conduisait à une sottise.

VIII

M. l'Envoyé de Genève et sa fille

Ce 9 d'Octobre 1770.

La dernière lettre que j'eus l'honneur de vous écrire vous a laissé, Monsieur, sous une fâcheuse impression, que j'ai hâte de dissiper. J'avais fait une assez pauvre figure dans l'histoire que je vous ai contée. Les événements ont pris un meilleur tour que celui que je pouvais espérer.

Le commissaire, qui m'avait d'abord paru fort dur, n'est pas un mauvais homme. Mon air de franchise désarma sa sévérité, et il voulut bien s'intéresser à moi et tenter de me tirer d'embarras. A la vérité, il me trouva d'abord rebelle à ses bonnes intentions, et vous comprendrez ma révolte quand je vous aurai instruit des conditions qui étaient mises à l'effacement de cette affaire.

Assuré de ma sincérité, il s'était déclaré en ma faveur. Il me dit qu'il avait eu une entrevue avec M. l'Envoyé de Genève et qu'il avait plaidé ma cause auprès de M. Sellon, en lui représentant l'erreur où j'avais été jeté et que je n'étais point fait pour suivre la mauvaise voie.

Il avait apaisé son courroux, et M. Sellon se prêtait à un arrangement : il consentait à ne point donner de suites à sa plainte et à ne voir dans l'attaque à laquelle je m'étais livré sur lui qu'une fougue étourdie. Au demeurant, j'avais déjà été assez puni. Mais, pour me donner une profitable leçon, il imposait que je lui présentasse des excuses.

— Des excuses, m'écriai-je, après que j'ai reçu de lui le plus sensible outrage, qu'il a brisé mon épée et s'est servi contre moi de ses poings. Qu'on ne les attende pas du gentilhomme que je suis, encore que je sois sans appui. Ma fierté ne condescendra pas à cet acte d'humilité. Je supporterai plutôt tout ce qu'il faudra souffrir.

— Voilà qui est fort beau, fit le commissaire, mais vous êtes prompt à oublier la situation dans laquelle vous vous trouvez. Les magistrats, s'ils ont à délibérer sur votre cas, ne sauraient, devant l'évidence des faits, vous épargner.

— Hé bien, qu'ils m'accablent sous l'inflexibilité des lois, je n'implorerai pas la clémence d'un homme qui me traita comme un rustre.

— Cependant, vous-même, vous lui sautâtes à la gorge.

— N'imaginais-je point qu'il fût un scélérat ?

— Avouez qu'il ne pouvait deviner que vous le jugiez tel.

Ces raisonnements, et ceux qu'il ajouta, en considération de l'opprobre à quoi je m'exposais, ne me purent convaincre.

Croyant que je balançais à suivre ses conseils, il se retira, en m'avertissant qu'il me laissait à mes méditations. Il revint le lendemain ; il y avait de la gravité sur ses traits.

— J'ai pris de vous, dit-il, une opinion qui rend ma mission fort pénible. Il faut quitter cet hôpital où je vous fis témoigner quelques égards, et je vous dois conduire à la prison. Réfléchissez encore. Par votre obstination allez-vous compromettre votre avenir, et porter le poids d'une flétrissure ? Une démarche auprès de M. Sellon sera chose tôt accomplie. Elle ne sera point la vexation que vous supposez. Il me semble que M. l'Envoyé de Genève, s'il est très ferme en ses déterminations, ne tient qu'à une formalité. Acceptez ce léger calice.

Il me fit le tableau des épreuves qui m'attendaient, si je m'entêtais à refuser ma liberté, au prix qu'elle m'était offerte, et ne laissa pas que de m'indiquer que c'était la ruine de toutes mes ambitions. Il pensa trouver le meilleur argument en faisant valoir que cette démarche ne serait connue de personne.

— Et le propre sentiment de ma dignité ! répliquai-je.

Il insista cependant, se flattant d'avoir pour moi une sollicitude qui ne lui était pas coutumière.

— Songez, reprit-il, qu'une plainte formée par un ambassadeur, même d'un petit Etat, est fort exactement suivie, et l'arrêt qui sera rendu contre vous sera rigoureux. La prison, à votre âge ! Vous ne sauriez vous laver de cette honte.

Il vit qu'il ébranlait ma constance, par cette vision des maux qui pèseraient sur ma vie, et il m'arracha le serment d'aller trouver M. Sellon. Il me dit que, dès qu'il avait ma parole, il lui était permis de me congédier. Je ne pus que le remercier de ses bons procédés, et je partis pour Paris, en fort piteux équipage. Mon habit avait été entièrement gâté. Par bonheur, les gens de l'hôpital ne m'avaient pas volé tout l'argent que j'avais dans ma bourse, et je m'occupai, tout d'abord, de me mettre en état de me présenter décemment chez M. Sellon, puisque je ne pouvais me dérober à cette obligation. On me signala un homme admirable, ayant nom Dartigalongue, marchand tailleur, qui a eu l'idée ingénieuse d'établir un magasin d'habits tout faits, de toutes espèces et de toutes tailles et des plus à la mode. Je me rendis à son magasin, rue de Savoye, et, après quelques recherches, tout en vantant complaisamment ma prestance, il m'accommoda suffisamment. On eût dit, affirma-t-il, que les vêtements qu'il m'engageait à prendre avaient été faits tout exprès pour moi. Au moins avais-je paré du mieux possible à la nécessité où j'étais de faire vite.

M. Sellon habite une belle maison de la rue Saint-Benoît. Vous me croirez sans peine, Monsieur, quand je vous aurai dit que je fis longtemps les cent pas avant de me décider à frapper le marteau de la porte. Il m'en coûtait, d'une façon horrible, de me plier à cette visite. Je n'étais point satisfait des paroles que j'avais préparées, et je me sentais incapable de prendre un air de soumission. Enfin, je me décidai. Il ne fallut que peu d'instants pour que je fusse introduit auprès de M. Sellon. Je vous assure que j'éprouvais le plus grand dépit qui fût.

M. Sellon était en chenille, et, dans ce déshabillé d'intérieur, il me parut encore plus grand que dans son malencontreux habit vert de Versailles. Je fus d'abord assez froissé qu'il me reçût dans cette tenue négligée. Il allégua qu'il ne l'avait point quittée afin que je n'attendisse pas.

— Monsieur l'Envoyé de Genève, lui dis-je, d'un ton froid, vous avez exigé que je vous fisse des excuses d'une méprise qui me poussa à vous aborder sur la route fort incivilement, j'en dois convenir. Puisque vous avez mis à ma libération cette dure condition, je m'y soumets. L'humiliation à laquelle vous me contraignez me tient, à ce que je pense, quitte envers vous ?

— En effet, répondit-il, en souriant, et je fus blessé de son sourire, car il ne semblait point accorder à ma démarche, si dure pour mon amour-propre, tout le sérieux que je lui donnais.

— Ce point réglé, encore que j'aie de la considération pour les fonctions que vous occupez, nous sommes donc sur le pied d'une manière d'égalité ?

— Hé bien ? (et son visage gardait de la bonhomie).

— Je vous demande donc raison de l'offense que vous me fîtes en brisant mon épée.

— Le jeune coq ! dit-il, sans s'émouvoir, et sans que son sourire cessât de se dessiner sur ses lèvres. Vous êtes bien tel qu'on me dépeignit que vous étiez, et ce portrait qu'on me traça de vous m'intéressa. Vous plaît-il que nous raisonnions ? M'allais-je laisser sottement percer par un enragé qui me débitait des folies ? Si pacifique que je sois, ma patience a des bornes. Le plus pressé était de rendre vaine votre menace. Il est vrai que j'ai eu quelques regrets, quand j'ai été instruit par le commissaire, de vos héroïques motifs d'assaillir les gens, de vous avoir fait sentir la lourdeur de mon poing. La nature m'a donné une force dont je n'use que dans l'extrémité des circonstances. Je crois tenir mon rang dignement, mais je n'ai point reçu une éducation d'homme de cour. Au demeurant, un furieux vous attaque subitement, vous prend au collet, a les desseins les plus violents. En bonne justice, qu'eussiez-vous fait à ma place ? Il reste ceci, que vous avez un entrain et une détermination qui me plaisent, car je pense m'y connaître en hommes. Ce n'est point là la vanité et la frivolité de nos petits maîtres. Mon âge me permet de vous parler familièrement. Ne conviendrait-il pas que nous fissions la paix ?

Je fus un peu surpris de ce langage presque paternel. M. Sellon reprit qu'il s'était occupé de moi dès qu'il eut reçu sur mon compte des indications qui lui avaient paru favorables, qu'il avait retiré sa plainte avant toute chose et que, s'il m'avait imposé cette visite, c'était pour me connaître et pour juger de la loyauté de mon caractère. J'avais pris sur moi de faire un effort pour vaincre ma répugnance à une démarche que je devais, et c'est de quoi il était satisfait.

Vous eussiez vu alors, Monsieur, un air de bonté répandu sur ses traits. Je fus touché de ses avances et estimai ma provocation de tout à l'heure assez ridicule. M. Sellon me tendit la main. J'étais arrivé tout gonflé de ressentiments : je me sentis du respect pour lui. Je souscrivis à ce traité de paix en termes d'assez bonne grâce, je crois car ils semblèrent lui agréer. Il me fallut bien m'aviser que, s'il a la main rude quand il se défend, M. l'Envoyé de Genève est un homme excellent, dans la simplicité de ses manières, qui s'allie a de la finesse d'esprit. Quand nous fûmes en confiance, il eut la générosité de ne me point plaisanter sur ma promptitude à embrasser une cause avant de savoir ce qu'elle valait. Il blâma seulement la supercherie de M. de la Chaux et me dit qu'il n'estimait rien tant que la probité. Volontiers indulgent, il était sévère pour le mensonge et l'indélicatesse.

J'eusse été bien surpris, en frappant à la porte de M. Sellon, si l'on m'eût fait entrevoir, dans le moment que je pestais contre une pénible obligation, l'accueil que je recevrais dans cette maison. Il était près de trois heures et j'allais prendre congé, fort réconcilié avec mon adversaire de la route de Paris, pour lequel je professais maintenant de l'estime. C'était, en effet, d'un ton de bonne humeur, sans nulle affectation de supériorité, en dépit des fonctions dont il est revêtu, mais avec la sûreté de l'expérience, qu'il m'avait donné des conseils que je ne pouvais écouter qu'avec déférence. Il y a en lui une manière de rondeur pour dire des choses justes et sages. C'est un bon sens qui n'est aucunement plat, et qui a, au contraire, une élévation naturelle. Comme je me préparais à me retirer, il fit cette réflexion qu'il était tard, que l'heure était venue de se mettre à table, et il me pria à dîner avec lui. Je me vis confus de son obligeance, mais il m'assura qu'il n'y avait point de façons à faire. Il me demanda seulement quelques instants pour passer un habit plus convenable.

Je m'étonnais encore du tour qu'avait pris l'entretien, quand il revint. « — Je me suis gardé, me dit-il en riant, de m'habiller de vert. » Un laquais le vint prévenir qu'il était attendu, et il passa son bras sous le mien pour me conduire dans la salle où était préparé le dîner. Je n'étais pas au bout de l'imprévu. Une belle jeune personne se leva à l'approche de M. Sellon, qui me

nomma à elle. — « C'est ma fille Angélique »,
fit-il. Je la saluai, et elle répondit gracieuse-
ment à mon salut. Il ne me suffit pas, Monsieur,
d'écrire que Mademoiselle Angélique est fort
belle. Je ne saurais me dispenser de vous la peindre, fût-ce avec d'imparfaites couleurs. Elle a le
front assez haut et très pur, et sa coiffure, avec
ses cheveux blonds, à peine poudrés, relevés sur
la tête et légèrement crêpés, lui forment une sorte
de diadème. Sous des sourcils un peu plus foncés
que ses cheveux, ses yeux ont une charmante expression de douceur ; le nez est droit et fin ;
l'arc de sa bouche est du plus délicieux dessin du
monde, mais le menton, bien que fort joliment
arrondi, dit de la volonté. Ce qui est en elle particulier, c'est un alliage de sérieux et d'enjouement, et cet enjouement est bien loin de la frivolité. Elle me sembla accomplie. Elle a pour son
père, qui est veuf depuis longtemps, et qui a toute
confiance en elle, une affectueuse déférence, qui
est fort touchante.

La table était des mieux servies, sans étalage
de luxe, mais tout indiquait le goût dans l'aisance. M. Sellon menait la conversation avec
bonne humeur, et Mademoiselle Angélique avait
de charmantes réflexions, où elle mettait sa sensibilité, ou l'esprit le plus fin, en n'ayant garde
de le vouloir afficher. Tous deux s'appliquaient
à prévenir quelque gêne de ma part, et à m'inviter à m'exprimer avec toute liberté.

M. Sellon aime la bonne chère, mais la veut
simple, à la condition que les mets qui sont pré-
sentés soient parfaits. Il dit qu'il avait conservé
les habitudes des bourgeois de Genève, et on com-
mença, en effet, par un bouilli qui était admirable, avant une entrée de veau cuit dans son jus
et un merveilleux dindon. Il dit qu'il ne regret-

tait point qu'on eût cessé de faire mousser le vin
de champagne, et qu'il approuvait cette mode,
car depuis qu'on savait que les vins mousseux
étaient des vins verts, qui se tirent en bouteille
au printemps, quand la révolution opérée par la
nature les fait entrer en fermentation, il n'y avait
plus à les estimer autant. Puis il éleva le sujet
et fit, avec une ironie qui n'avait nulle amertume, la critique de quelques-unes des mœurs du
jour.

Enfin, il m'interrogea avec bienveillance sur
mes desseins. Il me dit que, tout en veillant aux
intérêts politiques qui lui étaient confiés, il faisait de grandes affaires de finance, et que c'était
pour l'expérience et la probité que voulaient bien
lui reconnaître les magistrats de son pays qu'il
avait été désigné par eux, afin de traiter avec la
France au nom de la République de Genève. Par
cela même qu'il prenait part à d'importantes opérations, il pourrait peut-être me diriger utile-
ment, si je montrais quelque docilité à suivre ses
leçons.

Je remerciai M. Sellon pour lequel je sentais
un véritable attachement (qui me l'eût dit, quelques heures auparavant !) de la bonté de ses intentions, mais je ne pus dissimuler une sorte de
mouvement de révolte contre cette idée. Je lui
répondis que si je devais confesser que je fusse de
très petite fortune, je n'entendais sortir de l'ombre que par un acte qui attirât sur moi une particulière estime, et que j'entendais, bien que je
n'eusse, jusqu'à présent, rencontré que déceptions, me distinguer en accomplissant quelque
exploit. Je vous rapporte, Monsieur, les propos
qui furent échangés. — Verriez-vous donc, me
dit M. Sellon, une déchéance dans le fait d'obtenir, par une patiente application, une situation

enviable, permettant de jouir intelligemment des satisfactions que peut donner la vie? Je ripostai, en m'excusant de marquer sans doute de la présomption, que je me croyais né pour faire de grandes choses. Il sourit, et ce qui me causa quelque peine, ce fut de voir Mlle Angélique, bien qu'avec de charmants ménagements, incliner, elle aussi, à sourire. « — J'eusse aimé vous pousser, me dit M. Sellon, car il y a en vous de la vraie jeunesse, et qui ne rêve point que de frivolités. Mais je dois reconnaître que mes bureaux ne sont pas une école d'Amadis. Jetez votre gourme : il se pourrait bien que vous m'écoutassiez un jour, avec plus d'attention. L'expérience a raison de bien des illusions. Quoi qu'il en soit, vous trouverez toujours accueil dans cette maison. »

J'eusse pu me fâcher des doutes qu'il émettait sur les moyens par lesquels je veux parvenir, si son discours n'eût pas été empreint d'une manière de sollicitude pour moi, dont je ne pouvais point n'être pas touché. On se leva de table et M. Sellon me dit qu'il me plût de l'attendre un instant. Il revint et il tenait à la main une épée. « — Je vous ai brisé la vôtre, fit-il, avec une parfaite affabilité, il faut bien que je la remplace. Acceptez celle-ci, en pensant au changement de face des événements, pour vous rappeler que je ne suis pas aussi rude que je le parus tout d'abord. » Je fus ému aux larmes de cette attention. — Puissé-je tirer cette épée pour votre défense ! m'écriai-je. — Grand merci, fit-il avec finesse, mais je ne souhaite point des conjonctures où, j'aie besoin de votre vaillance. » Il eut la délicatesse de ne pas ajouter qu'il savait bien se défendre lui-même, et c'est de quoi j'avais fait l'épreuve.

J'aurais encore bien des particularités à vous mander, Monsieur, mais les remettrai à un prochain ordinaire. Cette lettre ne vous surprendra-t-elle pas par un ton bien différent de ce que je vous écrivis, alors que je me voyais si désemparé? L'ennemi que je pensais rencontrer s'est conduit avec moi en ami et ne m'inspire plus que le respect. Que de charmes possède Mlle Angélique ! Je ne vais point m'attarder à soupirer pour cette délicieuse fille, qui, tout aimable qu'elle fut à mon égard, ne saurait, partageant les idées de son père, voir en moi, qu'une sorte de rêveur ; mais je songe qu'il serait beau, tant qu'elle se flattât d'être loin du romanesque, de m'imposer à son attention par quelque action glorieuse.

IX

Le procès de Madame Guyot

Ce 22 de Décembre 1770.

Je fus hier, Monsieur, au Parlement. Au Parc
civil, se plaidait une affaire dont je vous rapporterai les détails qui, apparemment, vous intéres-
seront. Où l'effroi d'avoir à révéler une fâcheuse
infirmité peut-il conduire un homme ! Cette
affaire paraissait fort singulière. Un avocat des
plus avisé, M⁰ Duvergier, dans un mémoire qu'il
avait rédigé et qu'il développa avec art devant
M. le lieutenant civil, en donna la clef.

Vous saurez que, voici deux ans, le sieur Guyot,
qui était alors vérificateur des Domaines, estimé
dans sa profession et passant pour irréprochable
sous le rapport des mœurs, sollicita la main de la
demoiselle Cartier, qui vivait à Verneuil, chez sa
mère, veuve d'un médecin. Guyot semblait fort
épris. Les arrangements se firent facilement, et
la date du mariage fut arrêtée. Mais, à mesure
qu'elle approchait, le futur mari, tout empressé
qu'il eût été, devint soucieux. Sous des prétextes
dont il ne rendait pas un compte satisfaisant,
puis, en donnant pour raison qu'il attendait un
poste plus avantageux, il pria qu'on retardât le

mariage. On y consentit, mais, ces retards se prolongeant, Mme Cartier perdit patience et lui dit que ces tergiversations étaient offensantes pour la fille, que celle-ci était assez jolie pour être aimée, et que les pourparlers seraient rompus s'il ne se décidait point. Guyot protesta de son amour, qui était le plus fidèle du monde, et, ne réclamant plus qu'un bref délai, accepta que le jour fût fixé pour la cérémonie. Il montra le zèle le plus chaleureux jusqu'à ce moment, et il n'y eut sorte d'attentions qu'il ne prodiguât à l'égard d'une jeune personne qui était à la vérité, fort avenante. Je l'ai aperçue, en plaignante, et, gardant encore sur son visage, le feu de l'indignation : elle était fort désirable.

La journée du mariage se passa en fêtes. Mais il n'était point huit heures que Guyot enleva sa femme à la compagnie. On sourit, en pensant, qu'il était fort pressé de jouir de ses droits. Son attitude était, en effet, des plus galantes. Je vous dis, Monsieur, les choses comme elles furent. Il pressa, avec de tendres instances, la mariée de se mettre au lit, quoique lui-même ne se fût point déshabillé. Il lui tint, pendant une heure qu'elle trouva peut-être longue, ne souhaitant pas que paroles, les plus flatteurs propos. Soudain, ses traits prirent une expression dure et féroce ; ils semblaient bouleversés par la colère. C'était un tout autre homme. Il accabla l'épousée d'injures extrêmement grossières dont elle ne pouvait concevoir le motif, puis il l'accusa d'être enceinte de sept mois. Il ajouta à cette accusation des indignités que l'on pourrait à peine imaginer, restant indifférent aux protestations les plus touchantes. Durant toute la nuit, dont la jeune mariée attendait assurément autre chose, il la tortura ainsi. C'est de quoi elle eut une telle honte qu'elle n'osa confier à sa mère cette injuste disgrâce.

Pendant le jour, Guyot s'apaisa et traita même sa femme avec quelque douceur. Elle se pensa dans le cas d'espérer que son époux n'avait eu qu'une lubie de jalousie. Mais, comme la veille, après l'avoir entretenue par des discours mielleux, il éclata brusquement en reproches et invectiva contre elle de la façon la plus brutale. Il en fut pareillement pour la troisième nuit, et cette fois, Guyot ne se contenta pas d'abominables outrages, motivés par des griefs tout imaginaires, il usa de violences. La pauvre petite Mme Guyot, qui portait les traces de ses mauvais traitements, ne pouvait plus dissimuler sa déception. Son mari, s'il n'était que taciturne pendant le jour, devenait un furieux à l'heure du coucher. Elle se confia à sa mère, qui tenta de persuader Guyot de l'absurdité de ses préventions. On résolut de ne point faire d'éclat, dans la pensée qu'il avait été atteint de quelque dérangement d'esprit et qu'il ne tarderait pas à éprouver le regret de ses ineptes soupçons. Il fallut se plier aux visites d'usage. Dans le cours de ces visites de bienséance qui irritèrent fort Guyot, recevant les compliments accoutumés, il perdit toute retenue en public.

Dans le temps qu'on se trouvait dans la maison d'un respectable parent, il demanda à celui-ci combien de fois sa femme avait couché avec lui, et, comme on se révoltait d'une telle insulte, il dit qu'elle était trop jolie pour être sage. Une autre fois, il déclara qu'il la vendrait fort cher à un Anglais.

Le moment vint, cependant, où des signes évidents démentirent sa folle idée d'une grossesse. Il objecta que Mme Cartier avait, par un breuvage

versé à sa fille, fait violence à la nature et qu'il
allait rendre plainte de cette action criminelle.
C'est dans ces conditions que ce couple, des
plus mal assortis, se vint installer à Paris, sans
que la conduite de M. Guyot se modifiât. Une
fois, il avait semblé repentant ; il avait même
pris place dans le lit de sa femme, mais il s'en
était retiré, après quelques instants, comme
avec horreur.

Au demeurant, il était fort exact dans ses
fonctions et ceux qui avaient autorité sur lui
louaient le soin, l'habileté et la prudence avec
lesquels il traitait les affaires passant par ses
mains. On ne pouvait donc supposer, dans son
cas, qu'il fût sous l'empire de la folie, ce qui
n'empêchait point qu'il poursuivît sa femme
de ses imprécations. On eût dit qu'il cherchât
à prendre le plus de gens à témoin de sa prétendue infortune. Ainsi alla-t-il trouver le curé
de Saint-Pierre-de-Verneuil, pour lui demander
si le fait d'avoir épousé une fille grosse de sept
mois pouvait être une cause de rupture de son
mariage. La réponse ayant été négative, il
s'écria : « Il faut donc que l'un de nous deux
périsse ! » Il portait partout son humeur sombre. Un de ses parents, nommé Morais, lui faisait de justes représentations, avec cette chaleur
qu'inspirent les sentiments de la nature. Guyot
lui répondit sur le ton de la plus grande insolence, et Morais s'écria qu'il devrait brûler la
cervelle à un monstre tel que ce persécuteur
d'une femme parfaitement innocente. — Tuez-
moi donc ! fit Guyot, vous me rendrez service.

Mais il ne cessait point de menacer sa malheureuse épouse, soutenant, contre toute raison,
qu'on voyait l'enfant remuer dans son ventre.
Notez, Monsieur, que le temps s'écoulait et que

l'accouchement, au cas où Guyot n'eût pas inventé de toutes pièces la grossesse, eût dû s'être produit. Mais rien ne le pouvait calmer. A diverses reprises, il dit qu'il poignarderait sa femme, qui, maltraitée comme elle l'avait été, ne vivait plus que dans les transes. Il lui montra même l'arme avec laquelle il la frapperait. Une fois, il l'avait prise par les épaules, levant le poignard sur elle, et elle ne s'était échappée qu'à grand peine. Il avait eu le temps de lui faire une blessure, qui, paraît-il, a laissé sa marque. En cette occurrence, Morais, qui déjà était intervenu, rappela à Guyot qu'il y avait des lois pour punir les crimes, lui fit entrevoir les suites effrayantes de ses excès, et, dans le moment qu'il lui avait inspiré quelque crainte, obtint qu'il signât un acte de séparation et qu'il confessât ses torts dans un écrit authentique.

Mme Guyot, mariée sans l'être, n'ayant eu de son mari que des manifestations de la haine la plus outrée, s'alla s'enfermer comme pensionnaire, afin de prévenir toute médisance, dans le couvent des Ursulines d'Evreux, où on rendit témoignage de ses vertus. Après de dernières démarches pour amener Guyot à résipiscence elle le fit sommer d'insinuer leur acte de séparation. Il refusa, en disant qu'il ne reconnaissait point la dame Guyot pour sa femme et qu'il n'y avait eu qu'une bénédiction nuptiale obreptice. C'est alors, que, appuyée de sa famille et de ses amis, elle fit une demande en forme. M. l'Avocat-Général d'Aguesseau l'admit à faire la preuve des faits articulés par elle.

Hé bien, Monsieur, devinez-vous la cause des brutalités de ce forcené qui n'avait pas été loin d'aller jusqu'à l'assassinat? Me Duvergier la révéla. Il n'y avait point là démence. C'est que, ayant voulu contracter les liens du mariage, il n'était pas capable d'en remplir le but. Ses désirs impuissants s'étaient tournés en rage et il s'était vengé des torts de la nature sur une victime innocente. Sa jalousie était feinte. Il avait mieux aimé paraître odieux que de laisser suspecter sa virilité. C'est la honte d'une froideur que n'avaient pu guérir les appas les plus tentants qui expliquait ses atrocités.

Je vis Mme Guyot dans le temps que l'arrêt venait d'être prononcé en sa faveur. Je ne pus m'empêcher de la plaindre : en fait, elle est veuve sans avoir joui du mariage. Elle a bien quelques droits à l'amour, cependant, et les lois les lui refusent, si elle observe leur rigueur. Je songeais, et peut-être cette idée m'obséda-t-elle un moment, que ce serait une action méritoire que de chercher à lui plaire, quoi qu'elle ne soit qu'une petite bourgeoise, mais fort bien faite, et, comme une revanche méritée, de la jeter dans tous les transports de la passion. Cette femme-là, justement parce qu'elle demeura scrupuleuse aussi longtemps qu'elle fut sous la dépendance d'un méchant homme, aimerait à la folie l'amant qui aurait pour elle autant de tendres égards que son mari, ou son semblant de mari, eut d'abominables cruautés.

P.-S. — Je lus hier, Monsieur, dans le *Mercure*, une annonce qui me fit songer à la possibilité d'apporter un soulagement aux incommodités dont vous souffrez. Le sieur Roussel, qui demeure rue Jean-de-l'Epine, la porte cochère à côté du taillandier, débite, avec permission, des bagues dont la propriété est de guérir la goutte. Ces bagues, qu'il faut porter au doigt annulaire, guérissent les personnes qui ont la goutte

aux pieds et aux mains, et, en peu de temps,
celles qui en sont moyennement attaquées.
Quant à celles qui en sont fort affligées, elles
doivent les porter avant et après l'attaque de la
goutte, et, pour lors, elle ne revient plus. « En
portant toujours au doigt ces bagues, elles pré-
servent d'apoplexie et de paralysie. Plusieurs
princes, seigneurs et dames ont été guéris de ce
mal, et l'on donnera ces noms lorsqu'il en sera
nécessaire. Le prix de ces bagues, montées en
or, est de 36 livres, et celles en argent de
14 livres. »

X

Dans la planète Mercure

Ce 3 de Février 1771.

Après m'être fort échauffé dans une académie
d'armes, afin d'entretenir la souplesse de mon
bras, je pris froid, j'eus la fièvre, je me dus
coucher. Ne vous inquiétez aucunement, Monsieur. La santé m'est parfaitement revenue. Mon
hôtelier et une nièce qu'il a, me donnèrent des
soins attentifs. Vous croirez sans peine que je
préférais ceux de la nièce, qui est fort avenante,
mais je n'étais guère dans le cas de faire le
galant avec elle. Le médecin qu'on avait été quérir était de ces hommes qui ont plus besoin de
parler que d'examiner leurs malades. Il me fit
un grand discours sur la fermentation du sang,
s'écoutant lui-même avec tant de satisfaction
qu'il oublia de me prescrire des remèdes, et sans
tomber dans des plaisanteries rebattues, je crois
vraiment que ce fut là la raison de ma prompte
guérison.

La prudence m'obligeant à demeurer au lit,
je lus un livre que voulut bien me faire porter,
pour me distraire, un voyageur, dont la chambre
est voisine de la mienne et qui avait eu la bonté
de s'inquiéter de moi. Il me recommanda seule-

ment de ne point le laisser traîner, car il pourrait bien paraître suspect. Ce livre m'avait pas
été, en effet, imprimé à Paris, et n'était pas
revêtu du privilège. J'en viens à hasarder maintenant que ce voyageur prudent était pressé de
s'en débarrasser.

Nos philosophes, auxquels on ne laisse pas
que de prêter une oreille attentive, sont, en pensée, de grands réformateurs de l'Etat. A leur
suite, encore qu'ils soient parfois persécutés, se
produit un mouvement dans les idées dont on
ne peut pas n'être point frappé. Je vous fais
tenir cette lettre par un moyen sûr, dont j'ai
l'occasion : je n'oserais la confier à la Poste qui,
assure-t-on, est fort indiscrète. Bien qu'avec des
précautions, sans doute, on parle plus librement
qu'on ne l'avait encore fait. Il court sans cesse
des épigrammes qui nasardent les hommes au
pouvoir, et de ces chansons narquoises qui font
l'office d'armes de jet. On attaque fort le Parlé-
ment de M. de Maupéou et ses créatures. On dit
que la destruction du grand corps de la magis-
trature invite à songer au passé et fait apprendre l'histoire de France à bien des gens qui
seraient morts sans l'avoir sue. Vous seriez dans
l'inquiétude, Monsieur, en apprenant que la
personne du roi lui-même n'est pas épargnée en
de mordants couplets. Il règne un esprit de
mécontentement, qui n'est pas sans inspirer
bien des alarmes. Il n'est pas jusqu'aux princes
du sang qui ne protestent contre le renverse-
ment des lois.

Ce qu'on ne peut écrire, on le dit sous le voile
de l'allégorie, que déguisent les conseils de la
raison. Le livre dont je vous parle suppose une
description de la vie des habitants de la planète
Mercure. Par cette feinte, on fait entendre des

vérités où on explique le désir de changements désirés. Il y a de la hardiesse dans le portrait de l'empereur de Mercure, qui est le plus libéral des monarques, et on imagine, en effet, que à son accession au trône, il prête le serment de laisser à ses peuples la jouissance entière de leur liberté, de leurs biens, de leurs goûts et de leurs discours, pourvu que le bien général n'en souffre pas. Cet empereur débonnaire permet à ses sujets de s'assembler, fût-ce pour choisir un nouveau maître, s'ils ont cessé d'être contents de lui. Il s'oblige à être accessible à tous et à ne jamais remettre au lendemain l'occasion de rendre justice. Il édicte qu'il ne sera rien fait d'important dans l'Etat sans qu'on ait pris l'avis des députés de tous les ordres. Il veut si bien le bonheur des citoyens de son empire (ceci est un de ces articles plaisants qui sont pour faire passer le sérieux) qu'il est défendu de demeurer plus de trente-trois heures dans le chagrin sans s'être mis en devoir d'avertir des motifs de cette peine Sa Majesté, qui pourvoira sans délai à rendre à l'affligé sa sérénité d'esprit.

Ainsi, le badinage se mêle-t-il aux rêveries politiques. A côté de leçons morales, vous verriez des fantaisies allant jusqu'à l'extrême, ce qu'on trouve, notamment dans le chapitre du mariage des gens de Mercure. L'empereur, ayant regardé l'uniformité qui se glisse bientôt dans les mariages les mieux assortis, comme une source d'ennui presque inévitable, a cru parer à cet inconvénient en limitant la durée des unions à un très petit nombre d'années. Au demeurant, on ne se marie point sans une épreuve préalable. Il est de règle que les futurs conjoints soient enfermés pendant trois jours et trois nuits dans une chambre pompeuse, qu'on appelle la chambre du sphinx. Dans cette solitude à deux, ils démasquent leurs sentiments, leurs goûts, leur caractère, qu'il est moins facile de cacher dans un tête-à-tête que dans la dissipation du monde.

Vous penserez que ces aspirants au mariage ont, dans leur isolement, une façon d'occuper agréablement leur temps ; mais ces épanchements nuiraient à la bonne foi de l'épreuve ; ils ont toute la liberté de leurs gestes ; un invisible rideau qui n'en est pas moins consistant, empêche, toutefois, qu'ils se puissent toucher.

La philosophie, dans ce livre, prend un air souriant. Il n'est point, dans Mercure, de dévots dont l'hypocrisie prend des dehors édifiants, parce que la religion n'y est fondée que sur les seules lumières de la raison. En cette planète, les curiosités de la police, ouvrant les lettres, seraient déjouées, car elles ne montrent plus que du papier blanc à ceux qui ont voulu indûment en prendre communication. Dans Mercure, les amants sont discrets, et ils ne confient au public ni leurs peines, ni leurs plaisirs. On ignore ces catalogues effrontés qui affichent les conquêtes d'une femme et l'espèce d'arithmétique grossière d'un jeune étourdi qui calcule, aux yeux du monde, ses amusements journaliers. Il n'y a guère de jalousie : c'est un mal que les Mercuriens laissent aux amants de la Terre. L'histoire de Termetis et de la belle Nixée atteste cette sagesse de ne se point torturer pour ce qui est où n'est pas. Vous saurez donc que Termetis était fort épris de Nixée, mais il n'était point si bien de son merveilleux pays qu'il n'eût des faiblesses communes à d'autres peuples, en matière d'amour. Il ne pouvait vaincre sa timidité, et, de quelque flamme qu'il brûlât, il s'alambiquait l'esprit pour accabler Nixée de phrases élégamment obscures, si bien que cette jeune femme avait peine à comprendre ce qu'il attendait d'elle. A tant de soupirs, elle eût préféré des désirs nettement exprimés. Il eût mieux réussi auprès d'elle en allant droit au fait. Aussi, bien qu'elle le trouvât à son goût, l'estimait-elle un peu sot, et elle disait que c'était dommage, et qu'on se fût arrangé plus facilement qu'il ne le pensait. Sur ces entrefaites, Termetis fut contraint d'entreprendre un voyage. La plume à la main, il s'expliquait mieux qu'en paroles et il écrivait les lettres les plus passionnées, dont Nixée ne laissait pas que d'être touchée, à telles enseignes qu'elle se mit à chérir l'absent, qu'elle ne cessait de louer sa constance et elle en vint à l'attendre avec la plus grande impatience. Quand il fut au terme de ce voyage, il annonça son retour d'une façon précise. Quelque circonstance fit que Nixée ne reçut point à temps cet avis, et elle était sortie quand Termetis se présenta chez elle. Il ne rencontra qu'une amie de sa belle, qui était venue la visiter. Cette dame était de complexion fort galante : elle fit au voyageur, dépité de n'être point reçu comme il espérait l'être, de telles agaceries, que ce parfait amant, quelque amour qu'il eût pour Nixée, ne résista pas à des avances qui étaient les plus expressives du monde. Ce fut dans le temps qu'ils se livraient à leurs transports que Nixée rentra ; ils étaient si enivrés de plaisir qu'à peine l'aperçurent-ils.

Termetis, qui la vit le premier, eut une telle confusion qu'il ne fit qu'un saut pour s'aller cacher. Nixée ne laissa pas que d'adresser quelques petits reproches à son indiscrète amie, mais celle-ci ne s'excusa qu'en disant qu'elle eût été bien fâchée de ne pas mettre à l'épreuve la vaillance d'un pareil champion et que, si elle n'avait eu avec lui qu'une escarmouche, cette escarmouche-là valait bien une bataille. Elle lui fit de l'aventure un récit à ce point circonstancié que Nixée se hâta de tirer Termetis de sa cachette.

— Je vous pardonne, dit-elle, mais à condition qu'il n'y ait point d'exagération dans ce qui m'est rapporté, ce dont je me veux assurer.

Ainsi, point de cris, de larmes, d'emportements, et il y eut trois heureux.

Mais ces bagatelles n'empêchent point que, sous couleur de plaisanteries, il n'y ait, en d'autres chapitres, une juste satire des mœurs du jour. Il est bien vrai que les choses ne vont pas le mieux du monde, puisque, avec toute l'ardeur que je sens en moi, je n'ai pu encore m'employer selon mes ambitions.

XI

M. de Lauzun en chemise

Ce 5 de Mai 1771.

Ce n'est pas, Monsieur, une aventure qui me
soit propre que j'ai à vous conter. Je ne fus
que mêlé à celle-ci, mais j'en garderai le piquant
souvenir.

Il faut, tout d'abord, vous dire que le maître
de *l'Hôtel d'Anjou*, où je loge, rue Dauphine,
est un fort bon homme. En dépit de l'enseigne
de sa maison, il est de notre Hainaut, et c'est
pourquoi il a quelques attentions pour moi. Il
se flatte d'avoir entendu parler de vous. Il me
fit, pour cette raison des conditions acceptables,
sous réserve de ne les point divulguer à ses
autres pensionnaires. Il a confiance en mon avenir, quoi que mon présent soit assez maussade,
et, s'il m'arriva de me laisser aller à quelques
moments d'impatience de l'attente d'événements orientant ma vie, il se plut à m'apporter
du réconfort, en m'assurant qu'il gagerait sur
le brillant de ma destinée. Comme je témoignais,
ces jours-ci, de quelque mauvaise humeur con-

tre le sort, trop lent à remplir mes vœux, il m'exhorta à demander à un devin le tableau de mes succès futurs, assuré, disait-il, que je reviendrais fort satisfait de ce sorcier, qui est fort réputé, et que ses prédictions me rendraient de justes espoirs. J'objectai que je n'avais point de superstition, mais il insista à ce point que je m'enquis des moyens de rencontrer le faiseur d'oracles.

Il se nomme Etrella et a son logis dans la rue Froidmanteau, au cinquième étage. Mais n'imaginez point que ce prophète, que consultent parfois des personnes de la plus grande naissance, soit facile à voir. Il ne laisse pas que de se défier des inspecteurs de M. le Lieutenant de police, qui est armé pour faire la guerre à ces savants, dont la science lui paraît suspecte. Ne supposez point non plus qu'Etrella soit un vieillard comme on représente communément les augures.

Il est jeune encore, mais dit tenir son art de divination de la famille dont il est issu, ayant depuis longtemps la pratique de la magie. Après quelques pourparlers, rendez-vous fut pris avec lui pour l'heure de minuit, favorable aux conjurations. Encore que je fusse peu convaincu de la vertu de sa cabale, j'en fis, comme par jeu, l'épreuve. La maison qu'il habite est d'un aspect sordide, mais, tout au haut d'un escalier étroit, on a la surprise de pénétrer dans un logis qui a une tout autre apparence, et qui sent, en effet, une manière d'aisance.

La chambre où reçoit Etrella, après qu'on a attendu dans une pièce, dont les meubles, bien qu'ayant quelque élégance, ont une forme bizarre, est tendue d'une étoffe de soie rouge, sur laquelle sont brodés des signes mystérieux. Au milieu de cette chambre, éclairée par deux chandeliers dont le support représente un hibou, un grand pupitre, disposé sur une manière d'estrade, et ce pupitre composé de deux génies, fort habilement sculptés, soutenant sa planchette, reçoit un gros cahier de parchemin, recouvert en partie par un bandeau de satin d'or. Sur de belles consoles d'angle, des instruments dont les profanes ne peuvent saisir l'usage. Tout est conçu pour impressionner, mais non point effrayer. En ce sens, Etrella ménage la délicatesse de ceux qui ont recours à ses offices.

Quand il parut, il était vêtu, sans affectation, d'un costume de couleur brune. Il me dit qu'il laissait aux charlatans le soin de s'affubler de robes constellées ou d'autres oripeaux, et qu'il n'en était pas besoin pour les méditations auxquelles il se livrait. Je lui confessai que je n'avais pas de grands moyens pour rétribuer ses prévisions. Il sourit et me voulut bien répondre que je l'intéressais par ma physionomie et que ce n'était point là, pour lui, affaire d'argent. Il balança un moment sur le mode de divination qu'il emploierait.

— « Décidons-nous, fit-il, pour le livre des sibylles, le sort indiquera celle que dictera ses arrêts ». Il prit, sur une des consoles, un plateau de métal qui ressemblait assez à un échiquier et qui contenait douze cases. Sur chacune de ces cases, on pouvait lire une lettre initiale. Puis il me mit dans les mains une longue épingle d'or, et il me convia à en piquer la pointe sur l'échiquier, tout en tournant la tête pour n'avoir pas à choisir. L'aiguille avait marqué la lettre E. — « Ce sera donc la sibylle Erithrée que nous interrogerons », reprit-il. Il monta sur l'estrade, enleva le voile qui était posé sur le parchemin, où j'entrevis une écriture inconnue, et se jeta ce voile sur ses épaules. Il me recommanda de ne le troubler aucunement par une question, et les mains sur son front, il sembla faire une invocation. Après quoi il s'absorba longtemps dans une rêverie. Enfin, il ouvrit le livre, y chercha une page, couverte de figures singulières, et y appliqua un compas, paraissant fort occupé par cette opération. Ce fut ensuite une autre rêverie, et vous dirais-je, Monsieur, que tout sceptique que je fusse entré, je ne laissais pas que d'être frappé par la solennité de cet appareil, et que j'attendais comme si j'eusse vraiment été dans le cas de recevoir une sentence. — « L'horoscope est bon, me dit-il. Vous ferez un heureux mariage, et votre existence sera fort paisible, d'une ligne parfaitement unie. — Hé quoi, m'écriai-je, point d'événements qui aient en eux de l'extraordinaire ? — La sibylle Erithrée n'en indique pas. Si des pièges vous étaient tendus, ils tourneraient à la confusion de vos adversaires. Prenez ce destin pour certain... Un bon mariage, vous dis-je. — Hé ! il s'agit bien d'une vie calme dont je haïrais la monotonie. — Il ne m'appartient pas de changer l'oracle, mais vous ne faites guère accueil à celui de la sibylle. — Je me moque de votre sibylle, m'écriai-je. — En ce cas, pourquoi êtes-vous venu l'interroger ? Je vous avertis, toutefois, qu'elle est infaillible.

Etrella, pour cette consultation, ne me demanda point de payement, et, malgré ses présages fâcheux à mon gré, j'admirais qu'il fût désintéressé dans son art ; mais un serviteur nègre qui m'accompagna jusqu'à la porte, me prévint que le prix de ces vaticinations n'était de rien moins qu'un louis.

Assurément, Monsieur, je n'ajoutais pas foi à

ces ragots de sorcellerie. Je ne voyais là que duperie. Je ne laissais point, cependant, par une de ces contradictions qui sont humaines, que d'être dépité, et j'envoyais au diable cet horoscope. Qu'avais-je affaire avec cette prédiction d'une vie calme, alors que je ne rêve qu'une grande dépense de moi-même, en étant jeté dans les circonstances les plus singulières ! D'amères réflexions me venaient du temps écoulé sans que j'eusse eu encore l'occasion de prouver la générosité de mes aspirations.

Ainsi, tout à ces pensées, je m'attardais à marcher un peu au hasard, sans m'aviser que je m'éloignais, au lieu de me rapprocher de mon logis. Je longeais le mur d'un jardin de la rue de l'Université (je ne sus qu'après coup que je me trouvais dans cette rue) quand il arriva la chose la plus surprenante du monde. Je vis soudain choir de ce mur un homme, et si près de moi qu'il ne s'en fallût que de quelques pouces qu'il ne me renversât. Il avait sauté fort lestement et ne s'était point froissé. Je tirai aussitôt mon épée, pensant me trouver, de cette manière inopinée en face d'un malfaiteur. — « Remettez votre arme au fourreau, monsieur, et ne craignez rien : je ne suis pas un voleur, mais un amant dont les plaisirs furent malencontreusement troublés. Au demeurant, je m'excuse d'avoir failli vous mettre à mal, en semblant tomber de la lune ».

Cela était dit sur un ton de gaieté, mais avec une grâce aisée. Je m'aperçus alors que cet homme était en chemise. « — Mon Dieu ! oui, reprit-il, c'est dans ce sommaire appareil que je dus me sauver pour ne point compromettre une dame qui a des bontés pour moi, et qui n'attendait guère le retour de son mari, qu'elle pensait être encore dans ses terres. Pour vous rassurer tout à fait, je me nommerai : je suis M. de Lauzun. » J'avais entendu parler, pour tout ce qu'on contait de brillant à son sujet, de cet aimable duc, aussi renommé pour le courage qu'il déploya en Corse que pour son ton de parfaite élégance, ses bonnes fortunes, et ses folies. Même en chemise, on ne pouvait pas ne lui point trouver un grand air, que ne lui a pas seulement donné sa naissance. Fût-ce en cette situation qui eût pu être ridicule, il en imposait par je ne sais quoi de spirituellement hautain, comme si nulle mésaventure n'eût été à même de le déconcerter.

J'avoue que je ressentis quelque chatouillement de vanité quand il me dit qu'il était satisfait que, dans l'équipage où il était, sa première rencontre eût été celle d'un galant homme, ainsi qu'il en jugeait à ma mine : de la part d'un juge aussi expérimenté en connaissance du monde que M. de Lauzun, le compliment me flatta, et j'inclinai à lui offrir mes services. Il me remercia avec cette exquise politesse qui lui appartient en propre et qui se concilie chez lui avec une charmante familiarité. — « Il est vrai, mon cher, me dit-il, que la chemise n'est un vêtement commode qu'au lit : ce tissu léger se prête, quand le lit est agréablement partagé, à tous les mouvements d'un corps plein de feu, mais il est fort insuffisant dans la rue. »

Je le priai d'accepter que je le couvrisse de mon manteau. — « Vous agissez avec moi, reprit-il en riant, comme firent les fils de Noë, mais je vous prends à témoin que je n'ai aucunement la tête échauffée : j'y aurais plutôt froid, car, dans ma précipitation, j'ai laissé ma perruque, avec mes vêtements et mon épée, que l'inquiétude de ma maîtresse ne me donna point le temps d'emporter (elle les a apparemment cachés sous l'autel du sacrifice) et je remplaçai l'escalier par une fenêtre d'où je bondis dans le jardin. » Il eut un éclat de rire qui attestait, dans ces conjonctures difficiles, sa liberté d'esprit.

— Puisque vous avez la bonté de me porter secours, continua-t-il, tenons conseil. Cet endroit est heureusement désert, mais je ne voudrais point, s'il cessait de l'être, par hasard, qu'on fît sur notre compte de fâcheuses suppositions. Quelque hâte qu'il eût à sortir d'embarras, il ne put se tenir d'ajouter que ces accidents-là n'arrivaient qu'à lui, et que sept ans auparavant, forcé de sortir précipitamment, dans les mêmes conditions, de l'hôtel de Stainville, il s'était réfugié dans le jardin, où une fille de chambre, qui était dans la confidence, devait lui apporter ses habits. Cela lui avait été sans doute impossible, car il l'avait attendue, pensant geler, sous un vent trop frais, presque toute la nuit. Transi et à bout de patience, il s'était décidé à escalader le mur. Dans la rue, il avait été recueilli par le guet à cheval : il s'était expliqué, s'était fait reconnaître, avait promis une poignée de louis et un cavalier avait couru prévenir ses gens. « Mais, dit-il, outre que le guet ne passe point toujours quand on aurait besoin de lui, je tiens, cette fois, par délicatesse pour la personne dont je me dus brusquement séparer, à ne pas ébruiter cette affaire. » Il convint, d'un autre côté, qu'il ne lui était guère possible, nu-pieds et dans le seul accoutrement de mon manteau, de gagner sa demeure, puisque, à cette heure tardive, on ne rencontrerait aucun fiacre. Cet embarras n'affectait nullement sa bonne humeur ni sa courtoisie.

— Il faudra bien, disait-il, que nous sortions de là, et le plaisir de votre compagnie me dispose à la résignation.

Je m'avisai qu'il y avait, à peu de distance du lieu .où nous nous trouvions, un cabaret.

— Accordez-moi un instant, dis-je à M. de Lauzun.

Et j'allai frapper à la porte de ce cabaret. Après un assez long temps, une fenêtre s'ouvrit, un homme parut, et je lui représentai qu'une personne de qualité avait le plus grand besoin de son hospitalité. Le cabaretier me répondit grossièrement qu'il n'entendait point avoir affaire à des filous, car les personnes de qualité ne se promenaient pas dans la rue à cette heure-là, et que, s'il s'agissait d'un blessé, sa boutique n'était pas un hôpital. Je revins vers M. de Lauzun fort marri. Mais il me dit que mon idée était bonne et qu'il allait lui-même essayer de la mettre à profit.

Vous eussiez vu, Monsieur, une chose surprenante. M. de Lauzun, sans le moindre emportement, renouvela ma demande, mais ce fut avec un tel ton d'autorité et de commandement que le bourru qui n'avait eu aucun égard à ma sollicitation, s'amadoua, et vint ouvrir la porte. J'admirai, alors que je venais de subir une rebuffade, ce don de se faire obéir encore qu'aucune menace n'eût été employée. Le rustre se montra même complaisant, alluma du feu et fit chauffer du café. Il n'avait pas osé demander la raison de l'absence de costume de l'un de ses hôtes. Il apporta, de lui-même, ce qu'il trouva de moins sordide dans ses hardes pour que M. de Lauzun s'en fît une manière de robe de chambre, et, telle est son action personnelle que ce raffiné, ce conquérant, cet homme de cour, semblait, dans ces loques, aussi à l'aise que s'il eût été dans son milieu accoutumé.

M. de Lauzun écrivit quelques mots à l'adresse d'un valet de chambre de confiance, et le cabaretier consentit à ce que son jeune garçon l'allât remettre. Mais il y eut alors une scène de ménage, car une épaisse commère, qui était la femme du maître de la maison, s'opposa à ce qu'on exposât, en pleine nuit, un enfant aux dangers de la rue. M. de Lauzun, à la vérité, séduisait tout le monde, par ses manières affables, les petites gens comme les gens de son monde. Bientôt, le cabaretier déclara qu'il accomplirait lui-même la commission, et il partit, en effet. La femme était aux petits soins pour M. de Lauzun, et il avait, sans se forcer, de ces paroles bienveillantes qui vont au cœur des simples.

Elle dit qu'elle voyait bien, encore qu'il n'eût que sa chemise, qu'il était un seigneur d'importance, et elle s'excusa de n'avoir à lui servir que de la mauvaise eau-de-vie. Il la but de bonne grâce, en rappelant que, pendant la campagne de Corse, il avait dû s'accommoder de bien d'autres boissons. Puis on nous laissa seuls, et ce fut pour moi un extrême contentement de l'entendre évoquer quelques-uns de ses souvenirs. Je me rendais compte, en prêtant à ses propos toute mon attention, que je suis à peine dégrossi. Il a tant vécu, quoique jeune encore, que sa mémire est riche et que sa conversation est la plus nourrie qui soit. Il sauta de choses sérieuses, où il prouvait avec légèreté l'étendue de ses connaissances, à des badinages. Il professa cette philosophie en amour que la perte d'une peut toujours être réparée par une autre, et qu'il avait reçu cette leçon d'une de ses premières maîtresses, dans le temps qu'elle lui avouait que le goût qu'elle avait eu pour lui était passé. C'est à elle, qui lui indiquait elle-même un autre choix, qu'il devait cet aphorisme. Il abondait en menues histoires. Il lui prit fantaisie, une nuit, de souper avec une géante que l'on montrait dans une loge de la Foire Saint-Laurent. Il avait oublié la promesse qu'il avait faite à une marquise, qui était folle de lui. Elle l'envoya querir, mais il ne quitta point sa géante, et il fit dire à la marquise qu'il était avec une bien plus grande dame qu'elle. Ne croyez pas qu'il n'y ait pas de la sensibilité chez M. de Lauzun, en dépit de son enjouement : il m'assura qu'il avait toujours eu pour les femmes les plus grands ménagements et que, après avoir été aimé d'elles, il ne souhaitait rien tant que leur amitié. Puis il en vint à me questionner, approuva fort mes désirs de gloire, me recommanda de suivre mes instincts, de ne pas craindre de me jeter dans des équipées, de ne viser que le grand et de ne pas céder à la tentation des petites choses.

Cet entretien prenait pour moi un tour d'intérêt particulier. Je causais librement avec un des premiers gentilshommes du royaume, et il me voulait bien donner des conseils. Mais, à ce moment, on entendit le bruit d'un carrosse qui s'arrêtait devant la porte. Le valet de chambre de M. de Lauzun arrivait, accompagné de deux laquais qui portaient un coffre contenant toutes les parties de l'habillement le plus pimpant. Ils l'aidèrent à se vêtir, et il parut aussi frais, aussi dispos que s'il venait de se lever. Dans la poche de son habit, il y avait une bourse, qu'il pria le cabaretier, ébloui, d'accepter. Il m'offrit de me reconduire dans son carrosse. J'eus la mauvaise honte de me garder de lui faire savoir que je ne demeurais que dans un hôtel de modeste apparence, et je déclinai sa proposition.

— Hé bien, mon cher, me dit-il, il faudra me venir voir. Je serais bien oublieux si je ne me souvenais de votre assistance, en un cas où j'étais à peu près nu. Saint Martin donnait la moitié de son manteau à un pauvre : vous m'avez sacrifié le vôtre tout entier. Service pour service, et je me tiendrais pour heureux d'aider à vos ambitions.

Je ne saurais vous rendre le ton engageant de ces paroles. Je m'en allai, pensant que je n'avais pas perdu une nuit mal commencée par les sottes prédictions d'Etrella.

Le surlendemain, je me présentai chez M. de Lauzun. Il venait de partir pour Chanteloup pour faire sa cour à M. de Choiseul, et son séjour devait être long. C'est une fureur chez les personnes d'un rang élevé d'aller voir M. de Choiseul en son exil, et jamais ministre tombé ne fut l'objet d'une telle fidélité d'hommages. Dieu me garde de me hasarder sur ce terrain scabreux, mais certains assurent que cet empressement sur la route de Touraine est moins inspiré par l'affection qu'on garde pour lui que par les sentiments que l'on a nourris contre d'autres. Peut-être en ai-je trop dit. Sur le point qui m'occupe, je reprends, Monsieur, quelque espoir en des rencontres favorables. A Paris, le hasard compte pour beaucoup.

XII

L'Hermaphrodite

Ce 10 de Juillet 1771.

I

Je n'ai garde, Monsieur, de ne pas aller rendre mes devoirs à M. Sellon. Je ne goûte point trop les conseils qu'il me veut bien donner, mais il a pour moi, une bonté à laquelle je ne saurais rester insensible. Mlle Angélique me fait aussi la grâce de m'accueillir avec une sorte d'amitié. Son caractère est franc et sincère, elle n'a point de coquetterie. Son père est trop assuré de sa droiture pour lui imposer une surveillance, et il se repose sur elle de tous les détails de la maison, de sorte qu'elle jouit d'une liberté que n'ont point d'autres personnes de son âge et de sa beauté, mais l'idée ne saurait se présenter à l'esprit qu'elle n'en usât pas le plus décemment du monde, et qu'elle n'imposât pas les plus délicats égards. Elle me demande parfois avec une fine ironie si j'ai trouvé la grande aventure à laquelle je rêve. Je souris, car il faudra bien qu'elle apprenne quelque jour, que je ne me suis pas contenté d'exprimer le désir de me distinguer par une action brillante.

M. Sellon ne m'épargne pas non plus en ce qui concerne mes desseins ambitieux, mais c'est avec une souriante indulgence, en me voyant me rebeller contre sa proposition de m'employer dans ses affaires.

— Quels géants avez-vous pourfendus, me dit-il plaisamment, contre quels moulins à vent vous êtes-vous rué avec impétuosité ?

Patience, ces railleries où il ne laisse pas que de mettre de la bienveillance ne sont point de nature à me décourager. Si, par un contretemps, M. de Lauzun n'était pas à Chanteloup !... Celui-là ne se moquerait point de ma volonté de conquérir de la renommée.

Mlle Angélique me dispute aimablement sur ce qu'elle appelle mon romanesque. Mais, comme nous en étions venus à parler de la mort que se sont donnée les deux amants du Forez, Faldoni et Thérèse Mounier, qui ne pouvaient survivre à leur séparation, je déclarai que je trouvais cette fin touchante. Elle me dit, avec vivacité, que cette opinion l'étonnait de ma part, puisque je tenais pour les coups d'audace. Est-ce aimer que de perdre l'espoir, et ces infortunés n'eussent-ils pas prouvé un plus véritable amour en bravant tous les obstacles, en gardant, quelque difficiles que fussent les conjonctures, une foi parfaite dans la fermeté de leur attachement ?

— Monsieur le chevalier, fit-elle, vous démentez vos principes. Vous partagez l'attendrissement du public. Avez-vous cessé d'estimer qu'il n'est rien de plus beau que de ne point se soumettre à un sort contraire et de le dominer ?

Je convins que j'avais été abusé par ma sensibilité et que si j'eusse été dans le cas de Faldoni, rien ne m'en eût coûté pour affranchir ma maîtresse des rigueurs de ses parents. Je me fusse assuré de mesures pour son enlèvement, et eussé-je dû me jeter dans tous les périls, avoir à lutter contre des légions d'ennemis puissants, me battre contre eux sans répit, elle eût trouvé en moi le plus déterminé défenseur.

— Vous tombez dans un autre excès, reprit Mlle Angélique ; il faut tout attendre de la constance.

Ainsi, nous philosophons parfois à l'occasion des événements. Elle est toute raison, mais sa raison n'est point étroite, et j'admire le sens délicat qu'elle atteste en toutes choses.

Ces jours derniers, M. Sellon me convia à le venir joindre dans son cabinet. Il me dit que j'étais une tête folle, mais qu'il avait confiance en la sûreté de ma parole, et il me demanda si je me voudrais charger d'une mission à laquelle il attachait de l'importance. Il s'agissait d'aller porter au principal de ses correspondants de Genève une lettre dont il entendait que personne n'eût connaissance. Il ne me mettrait point au fait de son objet, car je n'étais pas préparé à le comprendre, mais je savais assez son exacte probité pour n'avoir aucune inquiétude sur l'emploi qu'il ferait de moi. Je resterais à Genève le temps d'attendre la réponse que je lui porterais.

— Il est bon pour la jeunesse de voyager un peu, me dit-il ; cela aidera à vous former.

Je répliquai que j'étais à son entière discrétion, et que je souhaitais qu'il fût content de moi. Il reprit qu'il me donnerait le lendemain ses instructions qui, au demeurant, seraient fort simples. Je n'aurais qu'à m'occuper, selon ma fantaisie, jusqu'à ce qu'on me prévint que cette réponse était prête. Quand elle serait entre mes mains, je devais faire diligence pour revenir. Il m'avertit seulement de ne point chercher d'aventures où il n'y avait pas à en trouver.

— Nos Genevois, fit-il, ont l'humeur sérieuse et le sens rassis, et ils ne concevraient point des écarts dont on ne fait que sourire à Paris.

Je promis de garder de la réserve, ne pouvant cependant me défendre de compter sur quelque hasard qui romprait la monotonie de cette mission.

Je m'apprête à partir. C'est donc de Genève, Monsieur, que sera datée ma prochaine lettre.

II

Ce 21 août 1771.

Il est vrai, Monsieur, que je ne vous ai point écrit de Genève, ainsi que je m'y étais engagé. Ce n'est pas, cependant, que mon séjour dans cette ville ait été dénué d'événements. Mais ce n'est pas quelque action dont j'aie eu à tirer de l'honneur que j'aurais eu à vous conter. J'éprouvai une nouvelle déconvenue, et la plus imprévue qui fût. Encore vous paraîtra-t-elle plaisante, et je confesse que j'en souris, aujourd'hui.

Mon arrivée dans cette ville eut lieu dans

le temps que le jour tombait. Cette circonstance amena une discussion entre le voiturier qui me conduisait et les gardes des remparts, qui exigèrent un péage pour nous ouvrir les portes. Ils soutinrent qu'il était l'heure où l'on ne pouvait entrer dans Genève qu'en acquittant un droit. Le voiturier protestait qu'il ne faisait pas encore nuit et que les portes étaient indûment fermées. La discussion se prolongeait et le ton se montant de part et d'autre, ce débat se fût éternisé si, avec quelque impatience, je n'eusse demandé quelle était l'importance du litige. Il ne s'agissait que de trois sols, que je me hâtai de donner, mais mon cocher se mit à pester contre moi, qui prenais le parti des gardes, et me menaça de me laisser là, car, en ce qui le concernait, il ne voulait pas avoir le démenti de son assertion. Je lui fis remarquer que, pendant le temps qu'il poursuivait cette chicane, la nuit était devenue complète. Il remonta sur son siège en maugréant et me déposa à l'hôtel de *l'Ecu de Genève*. J'y fus bien traité, mais à un prix fort élevé, et, me faisant scrupule de ménager les dépenses de M. Sellon, qui se voulut charger de tous les frais du voyage, j'allai m'installer, le lendemain, à l'auberge du *Sécheron*, où l'hôte est plus accommodant, encore que sa maison ait vue sur le lac.

J'allai remettre la lettre qui m'avait été confiée, au correspondant de M. Sellon ; il est dans des affaires de banque, et j'ai su, depuis, qu'il passait pour un des plus riches citoyens de Genève, mais la pièce où il me reçut, sans rien qui reposât l'œil, où il n'y a que des cartes des postes de France, de Suisse et d'Allemagne et des tableaux indiquant les changes, me parut d'une austérité glaciale, et je le plaignis en moi-même de ne vivre que dans les chiffres. Il me fit ses offres de service, mais avec une si froide politesse que je déclinai l'invitation de loger chez lui. Cette froideur, ce renfermé, ne sauraient, paraît-il, préjuger de la droiture des intentions, mais, en quelques minutes, j'avais senti l'ennui me gagner à ce point que je ne respirai librement que dehors. J'avais d'ailleurs éprouvé quelque gêne de la manière attentive dont il m'avait observé. Apparemment s'étonnait-il que j'eusse été choisi comme messager par M. Sellon.

Cette ville de Genève a de fort belles parties, et d'autres qui ne consistent qu'en rues mal percées et étroites, pavées de cailloux pointus. Dans le quartier marchand, des arcades de bois, assombrissent les boutiques. Il règne là, cependant, une grande activité. Pour se garer d'une voiture ayant peine à se frayer un passage, un homme, qui portait des fagots, me heurta. Je m'aperçus bientôt qu'il avait fait à la hauteur de l'épaule, une légère déchirure à mon habit. Cherchant à la faire réparer au plus tôt, j'avisai une sorte de mercerie, où je pénétrai au hasard, exposant mon désir. J'y fus accueilli par une grande belle fille qui me dit qu'elle s'entendait fort bien à ce genre de travail, pour lequel elle ne me demandait qu'un jour. Je lui répondis, puisqu'elle paraissait complaisante, que j'étais étranger à la ville, que mon porte-manteau était peu garni, et que c'était sur-le-champ que je souhaitais qu'elle se mît à l'œuvre. Elle sourit, en protestant que j'étais bien pressé, mais, sur mes instances, elle consentit à prendre sans délai son aiguille. Je m'excusai de demeurer en simple veste, mais je fis avec enjouement cette réflexion que je ne pouvais à la fois lui livrer mon habit et le garder. Durant le temps qu'elle travaillait, nous causâmes, et peu à peu, de bonne entente. Elle me conta qu'elle avait perdu ses parents, qu'elle n'avait plus de famille, et que, avec un modeste héritage, elle avait acquis ce petit magasin, qui la faisait vivre.

— Mais, lui dis-je, vous avez en votre personne assez d'agrément pour qu'on vous fasse la cour !

Elle répliqua que, dans sa condition, elle avait le grand tort de se montrer délicate, qu'elle n'épouserait point un rustre, et que ses prétentions, parce qu'elles n'étaient guère réalisables, la conduiraient vraisemblablement à rester fille. Ce n'était pas sans quelque mélancolie qu'elle parlait ainsi.

— Vous aimerez, cependant, et vous n'êtes point faite pour rester toujours insensible.

— On voit, Monsieur, que vous venez de France, et vous avez accoutumé de tenir des propos galants. Mais je vous avertis qu'ils seraient ici considérés comme une impertinence. Nos dames de Genève affectent la sévérité.

— Ne font-elles que l'affecter ?

— Elles en ont tout au moins les dehors et cachent bien, si elles en ont, leurs intrigues.

Elle avait prononcé ces mots, assez malicieusement.

— Mais voici votre habit, reprit-elle, l'accroc ne saurait s'apercevoir, à présent.

Je la priai de me fixer le prix de son travail, accompli si obligeamment.

— C'est une bagatelle, je n'ai eu que plaisir à vous rendre ce petit service.

J'insistai ; elle pensa se fâcher.

— Hé bien, Mademoiselle Julie (elle m'avait dit son nom), puisque nous sommes sur le pied de l'amitié, il me faut permettre de vous revoir.

— A quoi pensez-vous, Monsieur, vous ai-je donc paru imprudente ?

— Hélas, point du tout, mais j'ai pour vous la plus vive sympathie. Songez, au demeurant, que ne point me refuser l'agrément de votre compagnie serait charité ; je ne connais personne dans cette ville, et j'y respire déjà l'ennui. Aurais-je le malheur de vous faire peur ?

— Aucunement, mais on interprète si facilement à mal les plus innocentes distractions !

— Il n'y a, en effet, que parfaite candeur dans le désir que je vous exprime, et vous ne sauriez que faire fond sur ma discrétion.

A la vérité, Monsieur, je n'avais déjà plus ces intentions innocentes, dont je faisais profession. En voyage, quand les sens deviennent brûlants, il ne faut point trop faire le renchéri. Les impétuosités de la jeunesse ne rendent pas difficile. Cette fille avait du moins de la fraîcheur, elle semblait bien faite, et je pensai qu'elle m'aiderait à passer le temps, durant les quelques jours que je devrais rester à Genève. Mes attentions, évidemment, la flattaient. Dans cette République, où il y a une hiérarchie très marquée entre ses citoyens, elle n'était point habituée aux égards d'un homme de condition. Je la pressai d'accepter que je la retrouvasse le soir même ; elle avait une manière de ragoût de vertu qui me piquait, et vous verrez que cette vertu n'était point jouée et qu'elle n'avait, jusque-là, cédé à aucune tentation. Je ne sais comment je trouvai des mots qui la touchèrent, et l'inclinèrent, non point en un instant, à secouer tout au moins, ses préjugés de bienséance. En fait, la continence me pesait à tel point que je n'ai qu'une médiocre confusion à avouer que je me fusse contenté d'une moins intéressante personne qu'elle. Mes discours la ravissaient ; elle n'avait jamais entendu des compliments tels que ceux que je lui adressais, et, quelque pudeur qu'elle voulût garder, il était manifeste qu'elle fut dans un grand trouble. Je ne pus, cependant, qu'enserrer sa taille de mes mains, sans qu'elle me permît de toucher à sa gorge, mais, tandis qu'elle se défendait en invoquant la décence habituelle de sa conduite, il y avait du feu dans ses yeux. Il me fallut bien prendre patience jusqu'au soir, où je pensai être assuré du succès. Elle me dit que je la rencontrerais aux Eaux-vives, qui est un endroit favorable à une promenade nocturne, car il importait, pour sa considération, qu'elle ne fût point aperçue.

— « Je ne m'explique point, me dit-elle, l'ascendant que vous avez, si promptement, pris sur moi, et qui détermine une faiblesse fort en désaccord avec les principes auxquels je suis attachée. »

Je lui jurai, avec la facilité qu'on a à faire ces serments-là, que j'étais infiniment sensible à sa complaisance et que je m'appliquerais à ce qu'elle ne s'en pût repentir.

Elle fut exacte au rendez-vous. La nuit était assez noire. Je repris l'entretien sur le ton que je l'avais commencé. Elle me dit qu'elle était confondue de sentir, pour la première fois, de tels mouvements de son cœur, mais que mes paroles avaient une douceur qui la charmait. Elle n'en opposait pas moins de la résistance aux privautés que je tentais de me permettre, car j'étais dans un état à ne plus me satisfaire de

soupirs et qui m'incitait à presser les choses.
Enfin, après deux heures que nous passâmes à
raisonner (car vous n'empêcherez pas une Genevoise de raisonner, fût-ce dans les moments où
cette manière de philosophie est la plus inopportune) sur le mystère des attractions subites, elle
s'humanisa. Elle avait cependant, un reste de
crainte d'être découverte, par quelque hasard,
en ma compagnie, et de devenir l'objet de médi-
sances, et elle m'avoua que sa réserve venait,
maintenant de ces alarmes auxquelles, se fiant à
mes protestations de simple amitié, elle n'avait
pas d'abord songé. Elle me confia qu'elle ne se
sentait plus en mesure de contrarier mes desseins.

— Venez en mon logis, dit-elle, je suis assurée que vous y pourrez pénétrer sans scandale,
c'est là que nous mêlerons librement nos baisers,
et vous vous convraincrez que si je vous ai
refusé des arrhes, ce n'était pas le désir de vous
les donner qui me faisait défaut. » Elle m'in-
diqua un chemin assez étroit, encore qu'il
passât pour carrossable, qui, à son avis présentait toute sûreté pour rentrer en ville. Elle était,
dans ce moment, fort disposée à dépeindre la
solitude morale dans laquelle elle avait vécu, et,
certain, désormais, d'un dénouement heureux,
je l'écoutais avec quelque intérêt. Si bien que
nous n'entendîmes pas s'approcher (à la vérité
c'était un fait imprévu sur cette mauvaise route)
une sorte de charrette que son conducteur, revenant à vide, menait à vive allure. Il ne nous
distingua que trop tard pour arrêter son cheval,
et dans notre surprise, nous nous jetâmes en
hâte de côté. Le malheur voulut qu'il y eut un
fossé, où tomba fort rudement Julie. Elle poussa
un cri de douleur, qui fit se retourner l'homme,

dans le temps que je me précipitais pour la relever.

— « Hélas, fit-elle, je suis blessée... J'ai des plaies sur tout le corps ». Elle était, en effet, toute meurtrie, et je m'effrayai des conséquences de sa chute. Le charcutier qui avait provoqué l'accident, eut la conscience de s'en rendre responsable. Julie, après qu'elle avait poussé ce gémissement, avait perdu ses sens. Ce maladroit m'aida à la transporter dans sa voiture. Dans l'embarras où j'étais il donna le conseil de la mener à l'hôpital. Elle ne rouvrait les yeux que pour se plaindre de ses souffrances, et elle les refermait aussitôt.

Nous arrivâmes à l'hôpital. Je recommandai Julie aux soins des personnes qui reçoivent les malades, mais il ne me fut pas permis d'avoir accès dans la salle où on la déposa. Ainsi, avant même qu'elle eût commencé, se terminait ma nuit d'amour. Au demeurant, je m'affligeais sincèrement du malheur arrivé à cette fille.

Je vins, le lendemain, m'informer de son état. Je fus conduit auprès du chirurgien qui, tout d'abord me considéra fort sévèrement ; du moins me rassura-t-il, en ce qui concernait les suites de l'accident. — Ce ne sont, fit-il, que lésions n'affectant rien d'essentiel, et qui seront tôt guéries. Je priai qu'on me laissât réconforter par ma présence cette victime d'un malencontreux hasard, car je lui devais cette marque d'intérêt, et il était de mes intentions de faire en sorte qu'on eût pour elle des ménagements et qu'on la tirât de la salle commune pour la mettre en une chambre décente.

Le chirurgien refusa avec hauteur, en me disant qu'il me trouvait bien osé d'attester ainsi un attachement blâmable. Je répondis, non sans un peu d'impatience, que j'étais seul juge de mes actions. Il haussa les épaules de telle façon que, si je n'eusse songé qu'un éclat pourrait nuire à Julie, je me fusse tout à fait fâché. Dans le même temps, il fit venir une sorte de greffier, qui m'invita fort peu civilement à me nommer et à donner, dans le détail, les circonstances de la chute. — Plus on appartient par sa naissance à un rang distingué, reprit le chirurgien, plus les excès sont coupables. » Je me rappelais que Julie m'avait parlé de l'austérité qu'on affiche dans cette ville, et je pensai que c'était prendre bien au sérieux une affaire arrangée avec une fille à qui j'avais plu et qui n'avait point les dehors d'une intrigante. Il fallait que ce sermonneur jouât le courroucé, car, de bonne foi, méritais-je un si furieux discrédit pour une bagatelle ?

Je fis tenir à Julie, par un subalterne, un billet où je l'assurais de ma sollicitude, puis, j'occupai mon temps comme je le pus, et je ne manquai point d'aller rôder à Ferney, dans le cas, où, par fortune, j'eusse pu apercevoir M. de Voltaire. Je ne vis que la façade du château, de longues et belles avenues, des berceaux de feuillage et des charmilles, et un jardinier me voulut bien montrer l'antique tilleul, superbement touffu, sous lequel, assis sur un banc de gazon, vient rêver le grand homme.

Ce fut deux jours plus tard que je reçus de Julie la lettre la plus extraordinaire du monde, je vous la transcris :

« Mon ami, je ne saurais vous dire la stupeur qui m'accable. Quand je fus étendue sur le lit de l'hôpital, le chirurgien qu'on avait prévenu m'examina avec soin. Il ordonna qu'on me dévêtît. J'avais à ce moment repris conscience, et la pudeur me fit opposer quelque résistance à ce qu'on ôtât mes derniers vêtements. Il dit qu'il était nécessaire que cet examen portât sur tout mon corps. Les investigations furent, en effet, minutieuses. Elles le furent à ce point que, soudain, il eut un mouvement de surprise. « — Suis-je donc gravement atteinte? lui demandai-je. — Ce n'est pas cela, répondit-il : il ne s'agit que de contusions. Mais j'ai besoin de l'avis expérimenté d'hommes de science. » Il les avait apparemment mandés en hâte, car, le lendemain, au matin il n'y avait pas moins de cinq médecins autour de moi, qui exigeaient que je me dévoilasse entièrement. Ils eurent l'indiscrétion de me tâter de très près, en dépit de mes protestations contre la liberté qu'ils prenaient. Chacun d'eux se voulut assurer par lui-même d'une particularité qui semblait les préoccuper fort. Puis ils hochèrent la tête, parurent opiner dans le même sens et se retirèrent, me laissant dans une grande incertitude de la raison de leur curiosité, pour délibérer. Quelques heures s'étaient passées lorsque on introduisit deux auditeurs du Grand Conseil. Ils me dirent que les magistrats, instruits par les médecins, avaient résolu de faire cesser sans délai le scandale de mon travestissement. Comme je m'étonnais fort de ces propos, dont la signification m'échappait, ils reprirent, non sans dureté, que je devais bien savoir que j'étais un homme, encore que faiblement constitué, et qu'un arrêt était intervenu qui m'attribuait désormais le sexe masculin et m'obligeait à m'habiller en homme, sous peine du fouet et de la prison... Vous imaginez, mon ami, l'émoi que me causa cette révélation, et la douleur que j'éprouve, alors que tous les mouvements de mon cœur m'entraînaient vers vous ! Ma vertu, le calme de mes sens, jusqu'au moment où je vous vis, l'éducation que je reçus dès mon enfance, ne m'avaient point laissé de doutes sur mon sexe. Je suis pourtant un homme, puisque la Faculté exige que je le sois, et que la loi le commande. Comment vous peindre, dans le temps que je vous écris, encore sous le coup de cette incroyable nouvelle, le trouble dans lequel elle me jette ! Ma sensibilité proteste vainement contre cette décision. Qu'allez-vous penser ! Il n'était rien de plus vrai cependant que la tendresse que je sentais pour vous. »

A la vérité, cette lettre me pétrifia. Je la relus plusieurs fois avant de pouvoir tenir pour certain un tel événement. D'autant que, bien que mes hardiesses eussent été réprimées, je me souvenais avoir frôlé un sein qui palpitait. Il fallait bien, quoique j'en eusse, s'en rapporter à l'opinion de six anatomistes. Je compris alors la sévérité du chirurgien à mon égard. Je vous avoue que j'eus chaud, tout à coup, en songeant au péril auquel j'avais été exposé, de la meilleure foi du monde. Je ne vous en dirai pas plus sur ce sujet. Dieu merci, cet être singulier, qui, tout au moins, pensait bien en femme, avait, pendant une conversation qui s'animait, écarté les témérités de ma main.

Il n'y avait point là de la faute de la prétendue Julie. Son ignorance de l'étrangeté de sa conformation attestait sa sincérité. Mais je fus fort embarrassé pour répondre à ce déroutant message : je pris le parti d'envoyer à l'hôpital, pour qu'on le remît à la personne qui changeait de sexe, un assez galant habit de cavalier.

Cet impair m'avait causé du dépit. Je cherchai des distractions, et le hasard m'en fit trouver avec une dame ayant vraiment tous les attributs féminins, qui me prouva qu'il n'est point de plus trémoussante compagne de lit qu'une prude, quand elle a pris toutes ses sûretés pour la discrétion de ses plaisirs. En les partageant, j'oubliai la date que m'avait assignée le correspondant de M. Sellon pour qu'il me remît la réponse dont je devais être porteur. Quand je vins le trouver, il me dit que mon retard était fort heureux, car si je fusse parti auparavant, les déterminations contenues dans sa lettre n'eussent point été les mêmes que celles qu'il avait pu prendre, d'après des informations qui lui étaient arrivées, et qui modifiaient favorablement la face des choses.

A mon retour à Paris, je reçus les compliments de M. Sellon pour une tergiversation dont il louait la prudence. Il était fort content du résultat de mon voyage. Se moquait-il ? Il m'assura que j'étais plus propre aux affaires que je ne le voulais penser.

XIII

Le Prétendant

Ce 3 d'Octobre 1771.

Il m'arrive, Monsieur, de passer parfois une heure au café de la *Croix de Malte*, rue de l'Arbre-Sec, car il est bon de recueillir les propos qui s'échangent sur les affairse publiques et privées dont on s'entretient fort en cet établissement. J'y fus instruit d'un événement qui ne laissa pas que de m'intéresser. Encore qu'il donnât cette nouvelle comme un grand secret, un gros petit homme, au teint coloré, la perruque mal assurée, ne baissait point tant la voix qu'on ne pût entendre ce qu'il disait à des personnes réunies autour de lui.

— Oui, affirmait-il, vous pouvez tenir pour certain que le Prétendant a débarqué ces jours derniers à Paris, et non point en bel équipage, mais venant de Sienne en une mauvaise chaise de poste, et accompagné d'un seul laquais. Il doit avoir une entrevue capitale avec M. d'Aiguillon.

On hochait la tête.

— Je suis à ce point renseigné, poursuivit le discoureur, qu'il m'est loisible d'indiquer sa demeure.

— Et quel prince l'héberge ? demande-t-on.

— Il n'est point question de prince, répondit-il, Charles-Edouard est descendu à l'hôtel garni.

— Est-ce possible?

— Et cet hôtel est l'hôtel de Hambourg, rue des Boucheries, à l'endroit où cette rue s'élargit un peu.

Charles-Edouard, le héros, le conquérant de son royaume, si grand dans les revers, et qui, vaincu dans la mémorable bataille de Culloden, acquit plus de gloire dans la défaite que son vainqueur ; Charles-Edouard, ce noble Stuart, trahi par la fortune, roi sans couronne, mais fait, par son courage et sa constance, pour porter celle de ses aïeux, sacré par la majesté du malheur. Vous savez, Monsieur, que je me passionnai pour cette histoire, pour la prodigieuse campagne qu'il fit en Ecosse, avec une poignée de partisans, d'abord, pour ses succès, pour les injures du sort qu'il subit sans faiblesse, pour sa vie errante à travers l'Europe. Il put avoir tous les espoirs, et il éprouva ce que l'adversité a de plus cruel sans qu'elle pût ébranler son caractère. Il a, par les vicissitudes qui l'accablèrent et pour la fermeté d'âme avec laquelle il les supporta, la célébrité la plus respectable.

Une idée téméraire se forma dans mon esprit. Je cherchais des aventures qui me missent en lumière. S'en offrirait-il de plus belles que celles que je trouverais en suivant un prince aussi magnanime? Sans doute las de l'oisiveté qui ne pouvait convenir à un esprit bouillant comme le sien, nourrissait-il de grands desseins, et, avec plus de chances qu'il n'en avait eues dix ans auparavant, préparait-il une expédition. Ce fut la supposition que je fis aussitôt. Mais, après m'être enflammé pour ce rêve de m'attacher à son destin, je reconnus la difficulté de réaliser une telle ambition.

Comment trouver accueil auprès du Prétendant, comment réussir à me faire nommer à lui? Cependant, ces aspirations avaient pris en moi tant de force que je ne pus résister au désir d'aller rôder du côté de l'hôtel de Hambourg. J'avais été averti encore que Charles-Edouard s'était donné le nom de comte de Clifton, qui rappelait une de ses mémorables victoires.

La volonté de parvenir à un but rend ingénieux. Je réussis à aborder le laquais du Prétendant : c'était un rustre que je gagnai par quelque argent. Je finis par lui exposer ma prétention d'être admis auprès de son maître, sous le prétexte qu'il voudrait trouver ; je pourrais, quoi qu'il en fût, considérer de près ce grand homme. Je ne laissai pas que d'être surpris quand ce laquais me dit qu'il lui serait facile de me contenter, et il m'invita, en effet, à le suivre.

Je dominais à peine mon émotion quand je fus introduit dans la chambre du prince. Je n'eus pas, d'abord, le temps de remarquer qu'elle était en désordre : mes yeux se portaient vers l'illustre capitaine qui avait fait trembler quelque temps de redoutables adversaires.

A mon approche, il leva négligemment la tête. Encore qu'il n'eût que cinquante ans, son visage portait les signes de la vieillesse ; il n'avait point de perruque, et des mèches grises tombaient sur son front. Après tant d'épreuves, se pouvait-on étonner de ces ravages? Il était assis, simplement en veste et en culotte, dans un fauteuil, devant une petite table, chargée de bouteilles, parmi lesquelles se trouvaient une écritoire et une lettre commencée. J'eus de cette absence d'étiquette une impression douloureuse : tant d'exploits accomplis par lui, et cette manière d'abandon ! Cette impression s'accrut aux premières paroles qu'il prononça, d'une voix qui me parut éraillée.

— Que me veux-tu ? me demanda-t-il familièrement. Si c'est pour un secours, c'est à moi plutôt qu'il appartiendrait de le solliciter. Tu vois que mes affaires sont dans un état peu brillant.

Je répondis, fort affligé de cette détresse, que je tenais pour le plus grand honneur de ma vie, celui de pouvoir l'assurer de mon admiration et de mon respect. Je me nommai, j'invoquai mon désir de recevoir, même de loin, les leçons d'un aussi illustre modèle.

— Je ne souhaiterais rien tant, lui dis-je, que de mettre mon ardeur et mon dévouement au service de votre Majesté.

— Ma Majesté, fit-il, elle est belle ! C'est une Majesté sans un sol.

Le ton désabusé sur lequel il s'exprimait me pénétrait de sentiments d'amertume. Puis le roi me fit signe de m'asseoir de l'autre côté de la table et il m'invita à me verser à boire. Lui-même but un grand verre de vin de Bourgogne. J'eus le chagrin de m'apercevoir bientôt, tant que j'eusse lutté contre cette conjecture, que Charles-Edouard était près de l'ivresse. Il s'emporta contre son laquais qui n'avait pas déjà remplacé une bouteille vide par une autre, et cet homme lui dit sans ménagements que l'hôtelier n'avait point de hâte à fournir qui ne le payait pas. Vous ne sauriez imaginer, Monsieur, ma consternation, alors que je m'attendais au spectacle de la suprême dignité dans l'infortune. Je conçus, cependant, que le Prétendant avait peut-être recours à quelque feinte pour dissimuler, en se plaisant à se rabaisser, les grands projets qu'il avait formés. Mais, après qu'il eût bu encore, il ne me fut plus permis de douter de la réalité de cette ivresse. Il tenait des propos extravagants, sa bouche était pâteuse et ses yeux perdaient leur expression. Quel accueil je rencontrais auprès de lui, dont je m'étais fait une si haute idée !

Je n'eusse point osé, une heure auparavant, supposer que je serais admis auprès du prince, et, maintenant, je ressentais la plus grande déception. Dans les fumées du vin, il raillait lui-même sa déchéance et disait que ses soldats de Culloden, s'il leur était donné de revenir, seraient bien au regret de s'être fait tuer pour lui, en le voyant tel qu'il était devenu. Au milieu de hoquets, il entonnait des chansons grossières.

— Tu veux me servir, ce qui est d'un cœur généreux, dit-il. Hé bien, commence par remplir mon verre. Car ma main n'est plus assez assurée pour le faire. Si ma cour n'est pas nombreuse, j'y veux des gens utiles, et je te nomme mon grand échanson.

Des larmes me montaient aux yeux tant j'avais de désillusion de son misérable état. Non ! au point où en était cet homme qui avait glorieusement montré qu'il savait commander, il ne s'agissait plus de vastes desseins. Il oubliait, au demeurant, toute réserve, et c'est ainsi que, en mots entrecoupés, en ne cessant de porter son gobelet à ses lèvres, il parla du mariage qu'on avait convenu pour lui. Ma délicatesse ne me permettait pas d'être instruit, malgré moi, des vues politiques des gouvernements. Je me voulus lever et prendre congé ; Charles-Edouard me retint presque de force.

— Oui, mon cher, dit-il, d'Aiguillon me veut faire épouser une princesse de dix-huit ans... Tu verras que cette petite Stolberg me fera le plus grand cocu du monde... Mais de ce malheur-là, je me consolerai, si la dot est honnête... Encore, n'est-ce pas le papa qui la fournira, car ce grand souverain règne sur un Etat qui a quatre lieues de long... Vaincu, cocu, cela rime au mieux, n'est-ce pas ?

Je rougis de l'entendre ainsi divaguer ou laisser percer, hors de sa raison, des arrangements pour sortir de sa pauvreté qui n'étaient point pour être connus du public. Il revenait, avec une insistance pénible, pour moi, sur ce point qu'il était inévitable qu'il fût cocu, bien qu'il fût encore capable de caresser une femme, mais il n'avait de goût, à ce qu'il assurait, que pour les souillons. Comment des souvenirs de ses héroïques campagnes, se mêlaient-ils, par lambeaux, à ces propos inconsidérés? Dans cette déplorable perte de sa lucidité, il pensait parfois être à la tête de son armée et il appelait par leur nom, comme pour les convier à boire avec lui, quelques-uns de ses Ecossais qui lui avaient été les plus fidèles, et jusqu'à la mort.

Fût-ce cette évocation, ne se présentât-elle à lui que dans son délire aviné, qui le fit se ressaisir? Soudain, il se dressa ; tous les signes de son ivresse s'étaient effacés, et, dans son déshabillé même, il me parut avoir retrouvé sa royale dignité. Son air était majestueux.

— Monsieur, fit-il, je ne sais ce qui m'échappa dans des discours inconséquents, sous l'empire d'une malheureuse passion à laquelle j'ai la faiblesse de céder. Mais regardez-moi : vous pourrez dire que vous avez vu un prince qui connut toutes les ingratitudes, celle des peuples et celle des rois.

Des monarques formaient des vœux pour sa cause tant qu'il était victorieux : ils le dédaignèrent et lui contestèrent son titre même, quand il éprouva la défaite, et la terre sembla manquer à son exil. Le chef de la religion a plus d'égards pour un hérétique que pour lui, qui versa son sang et celui de braves gens pour la foi catholique. Il gêne les Cours d'Europe, qui se le renvoient comme un hôte fâcheux dont on n'a que faire, et quand son indigence devient trop scandaleuse, car son nom, malgré tout pèse encore de quelque poids, et vivra dans l'Histoire, on se débarrasse de lui en sacrifiant une jeune princesse à laquelle on donnera quelques subsides pour la dédommager d'épouser un homme flétri par ses vices, lui qui était né avec des vertus, et qui est un vieillard avant l'âge...

Il parlait avec une ironie hautaine ; son visage avait retrouvé sa noblesse, ses yeux, mornes tout à l'heure, jetaient du feu. Je ne pouvais croire, que ce fût le même homme que je venais de voir dans une sorte d'ignominie.

— Mon enfant, me dit-il, vous êtes dans la fleur de la vie ; la démarche que vous fîtes étourdiment auprès de moi, atteste que vous avez du cœur. Ne vous fiez pas à ces beaux emportements. sachez qu'il n'y a d'autre morale que celle du succès. Écoutez ce conseil : ne vous attachez qu'à ceux-là, qui ont une étoile heureuse ». Je protestai que l'exemple de grandeur d'âme qu'il avait donné, après une funeste bataille, serait toujours un objet d'admiration.

— La postérité, dis-je, recueillera les grandes actions de votre Majesté. — En attendant, reprit-il, vous voyez où j'en suis, c'est pourquoi il faut chercher l'oubli.

Il se laissa tomber dans son fauteuil et s'avisa qu'une bouteille n'était pas encore vide. Il but largement, et je m'aperçus que, après cet éclair de perspicacité, il reprenait cette apparence grossière dont j'avais d'abord été confondu.

— La postérité, s'écria-t-il, avec un mauvais rire, ne fait pas d'avances d'hoirie, et il sera un peu tard pour m'assurer le nécessaire quand elle s'occupera de moi.

Il appela son laquais et lui donna l'ordre, en le menaçant de lui casser une canne sur le dos s'il ne trouvait pas le moyen de lui obéir, d'aller chercher du vin. Quand ce vin eut été apporté, il s'en versa de grandes rasades.

— Sais-tu écrire, me demanda-t-il avec brusquerie, sur un ton de nouveau familier, j'ai cette incommodité que mes mains ont, dans ce moment, je ne sais quelles saccades, et je ne saurais finir cette lettre que j'ai commencée et qu'il faut bien que je fasse tenir, car, du d'Aiguillon, je n'ai encore que des promesses.

Je me voulus récuser, en alléguant que, quelle que fût ma discrétion, je n'avais point qualité pour pénétrer ses affaires. Mais il me prit par le bras et me plaça devant le papier, disposé sur la table. Puis, par une lubie, il sembla oublier la lettre dont il venait de me parler, et il balbutia une chanson obscène. Il interrompait cette chanson pour se plaindre de son frère, le cardinal, qui vivait à Rome dans l'abondance, en retour de ses flatteries aux Souverains auxquels il se plaisait à faire oublier qu'il fût un Stuart. Le Prétendant le traita, pour l'avoir fait manger à sa table, à la dernière place, de plat valet des persécuteurs de sa famille. Enfin, toujours buvant, il apostropha je ne sais quels ennemis que son imagination échauffée lui représentait. Il tentait alors de se lever, mais s'affaissait sur son siège. De quelles misères étais-je le témoin ? Eussé-je pu croire que ce prince, dont le passé était si grand, se livrerait, devant moi, à ces excès et me révélerait, dans l'aberration de l'ivresse, la profondeur de sa chute ?

Je maudissais l'inspiration qui m'avait conduit vers lui. J'étais loin d'espérer l'honneur d'une réception, ma démarche me semblait vaine, et, ayant eu comme introducteur un laquais grotesque, je n'avais même pas eu à solliciter une audience, qui ne me laissait que déception, en présence d'un homme tombé si bas !

Mais Charles-Edouard se reprend subitement comme par un prodige. Ses malheurs sont la seule cause de sa dégradation. La clarté se refait en son esprit, dans le moment qu'on le pense le plus égaré. Il se transfigure ; tout ce qui reste de noble en lui reparaît. J'inclinais à croire qu'il allait rouler sous la table. Mais je le vis bientôt aussi net d'intelligence que s'il n'eût point proféré des insanités. Il fit un effort, retrouva la maîtrise de lui-même, se recueillit.

— Hé bien, me dit-il, écrivez. « Ce n'est qu'à vous, Monsieur, que je confie que la lettre qu'il me dictait, m'employant comme son secrétaire, était destinée au roi : — « Monsieur, mon frère et cousin, l'amitié qui règne entre nous (il haussa les épaules) et ce sang qui nous lie me font croire à l'intérêt que me témoignera votre Majesté. Elle doit sentir que la perte de mes royaumes me met hors d'état de maintenir le rang que ma naissance me donne. La majesté royale s'avilit quand elle ne peut être soutenue avec éclat... » Je me rappelle ces premières lignes d'une lettre qui, pour exprimer la demande d'une assistance était conçue dans les termes les plus dignes. Le prince, avec une courtoisie qui différait fort de ses façons d'un instant auparavant, me voulut bien remercier de la peine que j'avais prise.

— Vous vîntes vers moi avec une belle confiance, me dit-il. Vous emporterez du moins une grande leçon. Vous connaîtrez, maintenant la récompense de la gloire. Il m'en coûterait de vous dessécher le cœur, mais ne vous dévouez qu'à bon escient. Moi-même, hélas, n'ai-je pas perdu ceux qui, avec un zèle généreux, avaient embrassé ma cause ! Ils me durent la ruine ou la mort ! N'est-ce pas là pour moi la pensée la plus amère ? Puis subitement : « Il est des vins d'Italie, qui sont estimables, et dont je fais cas, mais ils n'ont pas cet arome des vins de France. Bois avec moi de celui-ci. »

Je me retirai sans que le Prince, retombant dans l'ivresse, s'aperçût de mon départ. Ainsi, de cette entrevue qui fut incroyable par la facilité de l'accès auprès de lui et par le spectacle qui me fut offert, garderai-je le souvenir, chez le Prétendant, qui a cessé de prétendre à un trône, d'un homme chez lequel se mêlent, aujourd'hui, le grandiose et le crapuleux. Il n'est point de contrastes plus frappants que ceux qu'il présente, et j'eusse souhaité, Monsieur, d'avoir le génie de vous les faire sentir aussi vivement qu'ils me frappèrent.

XIV

M. Bouret

Ce 4 de Novembre 1771.

Je fis hier, Monsieur, une longue promenade en compagnie de M. Sellon, qui avait la curiosité de voir où en était la construction de l'Hôtel des Monnaies, dont vous savez que M. l'abbé Terray posa, voici deux ans, la première pierre. Ces travaux intéressent M. Sellon qui, à ses grandes lumières en matière de finance, joint le goût des arts. Il me dit qu'on avait commencé à bâtir un édifice, qui devait avoir la même destination, sur la place Louis XV, mais qu'on y avait renoncé, après qu'on eût engagé inutilement de grandes dépenses. Il s'en faut qu'on se puisse faire dès maintenant une idée exacte du monument, qui sera considérable. La façade ne doit pas avoir moins de soixante toises de long : on distingue seulement l'ordonnance générale de cette architecture, qui fera honneur à M. Antoine, artiste recommandable, dont les dessins furent adoptés.

En passant sur le Pont-Neuf, je remarquai la délicatesse de nombre de personnes qui, pour préserver leur visage des ardeurs du soleil, miraculeusement brillant en cette arrière-saison, portaient un parasol. Il s'est établi aux extrémités du pont un bureau où, pour une somme minime, on loue ces parasols, qu'on restitue après la traversée de cet endroit. Cette industrie est regardée comme fort commode ; mais M. Sellon, qui met son chapeau sur sa tête et non sous le bras, comme il est d'usage pour certains, ne laissa pas que de se moquer de ces raffinements.

Dans le moment que nous quittions le pont, il rencontra un homme qui semblait de complexion si distraite que, en effet, il pensa se jeter sur nous.

— « Pardieu, dit M. Sellon, je suis assuré que M. Messance a la tête pleine de ses calculs. » Ce M. Messance ouvrit de grands yeux, comme s'il sortait d'un autre monde et s'excusa de sa gaucherie. — Point du tout (M. Sellon a souvent des façons de parler qui, quelle que soit son habituelle bienveillance, laissent percer son humeur caustique). Vous avez fait sans doute une nouvelle découverte dans l'art de dénombrer tout ce qui concerne Paris. — Il est vrai, répondit M. Messance. — Avez-vous ajouté quelque chiffre à celui dont vous me parlâtes, des cinq cent soixante seize mille six cent trente habitants de cette ville et de ses vingt-trois mille cinq cent soixante-cinq maisons ? J'admire votre précision. — Elle n'est pas obtenue sans peine. Mais je portais mon attention sur un autre objet. Il est, à la suite de mes études, hors de doute que les mois de juin, juillet et août sont les plus propres à la conception des femmes. — Voilà qui est le mieux du monde, et l'on vous devra bien de la reconnaissance pour les résultats de votre application. »

— C'est, me dit M. Sellon, un original qui n'est content que lorsqu'il a établi des comptes sur toutes sortes de choses.

Pour satisfaire ce grand appétit de marche qu'a M. l'Envoyé de Genève, nous allâmes jusqu'à la place Louis XV. Il constata qu'il n'était rien de durable comme ce qui est destiné à durer peu, et que c'était ainsi que la statue du roi était toujours entourée d'une méchante barrière en bois, et il ne semble pas qu'on songe à la faire disparaître.

C'était le jour des rencontres d'originaux. M. Sellon fut salué par un passant de sa connaissance. C'était un architecte, M. Patte, qui est le plus atrabilaire des gens de sa profession et qui a le génie de la critique. « — Monsieur, dit-il, j'enrage de voir engloutir tant d'argent dans une construction faite pour s'effondrer avant qu'il soit longtemps. — Et quelle est cette construction? — Cette immense église dédiée à Sainte Geneviève, qu'édifie M. Soufflot. Je vous garantis qu'il ne se passera pas deux ans que le dôme, bâti d'après une méthode vicieuse, ne s'écroule. — Ce sera dommage, fit M. Sellon, sans s'aviser de discuter cette allégation. » — Cet homme-là, me dit-il, ne rêve que malheurs : il est du premier bon pour annoncer des catastrophes.

Puis, changeant de conversation, il me demanda où j'en étais de l'accomplissement de mes ambitions, et je dus bien lui avouer qu'elles n'avaient pas encore trouvé leur voie. — Vous vous entêtez en des chimères, reprit-il, et je vous veux du bien. Je vous eusse volontiers guidé, mais je vois bien que vous seriez mal à l'aise dans mes bureaux. Pourtant, je démêle en vous une loyauté que j'apprécie. Soit ! Nous tenterons autre chose. Je vous donnerai une lettre pour M. Bouret, qui a la bonté de professer de l'estime pour moi. Il a le bras le plus long du royaume : il dispose avec le ministre, et, parfois sans le ministre, des emplois vacants. Vous lui exposerez vos désirs.

Il eût été ridicule de ma part de ne pas lui témoigner pour cette offre, faite avec tant de bonne grâce, ma reconnaissance. Une présentation à ce tout-puissant fermier-général est une faveur singulièrement recherchée par d'autres.

M. Sellon m'invita à me rendre chez lui pour qu'il écrivît cette lettre. Il me la remit en présence de Mlle Angélique, qui eut un charmant sourire, encore que j'y distinguasse un petit grain de malice.

— Allez, me dit-elle, je vous souhaite de réussir. M. Bouret ne saurait que s'intéresser à vous ; il n'a guère accoutumé de voir des solliciteurs qui ne demandent à son crédit que l'occasion de prouesses chevaleresques.

Ce mot me piqua. Je résolus de ne céder en rien sur mes idées. Je me fis conduire, dès le lendemain, au fastueux hôtel qu'habite M. Bouret à la Grange-Batelière. J'étais à peine entré que j'étais ébloui par le luxe prodigieux qui s'y déployait. Personne n'ignore l'immense fortune de ce matador de la finance. Mais cette demeure, vraiment princière, a été embellie par tout ce que l'art offre de ressources. Ce ne sont que marbres des plus rares, même en des salles où ne se tiennent que des subalternes ; ce ne sont que peintures admirables, concourant à la décoration la plus ingénieuse ; ce ne sont que tableaux de maîtres illustres, ce ne sont que sculptures magnifiques. Je fusse resté longtemps en contemplation devant ces merveilles, si la lettre de M. Sellon ne m'eût fait accueillir promptement, et je fus introduit auprès de M. Bouret.

Il a aujourd'hui quelque soixante ans : il est

resté extrêmement vif, son visage a gardé
quelque beauté, et gagne encore à son expression de parfaite affabilité. M. Bouret est, au
demeurant, réputé comme l'homme le plus
serviable du monde. Les grandes affaires ne
lui ont pas fait perdre sa gaieté, qui fut un
de ses premiers moyens de parvenir. Il a
le désir de plaire, fût-ce à ceux dont il n'a
rien à tirer. Il se donna la peine de se lever
de son bureau et de faire quelques pas vers moi
et il me dit que mon aspect prévenait trop en
ma faveur pour qu'il n'eût pas plaisir à m'obliger, mais je n'eus guère le temps, tout flatté que
je fusse de cette extrême politesse, d'engager
avec lui la conversation. Il m'assura qu'il aimait
les jeunes hommes qui avaient mon air de franchise et qu'il n'était rien qu'il ne fît pour moi.
En un instant, il me conta avec esprit, quelques
anecdotes et ajouta que la volonté d'arriver au
but qu'on s'était proposé était la clef du succès,
et il cita comme exemple que, à l'âge que j'avais,
il se répétait sans répit : « Il faut que je fasse
une grande fortune ou qu'on me pende. » Et,
ajouta-t-il, en riant : « On ne m'a pas pendu. »
Je ne trouvais même pas la possibilité de le
remercier des bontés qu'il avait pour moi.

Cet entretien, si l'on peut employer ce mot,
puisque M. Bouret avait été le seul qui parlât,
n'avait pas duré deux minutes. Il appela son
secrétaire pour ses affaires privées, qui a nom
M. Tournay, et lui dit :

— Je vous recommande, monsieur, il est de
mes amis, et j'entends qu'il soit satisfait ». Puis
il me frappa amicalement sur l'épaule et me congédia.

— Hé bien, Monsieur, fit M. Tournay, quand
nous fûmes seuls, je suis à vos ordres. De quel

emploi souhaitez-vous être pourvu? Il en est d'avantageux dans les bureaux des Fermes. J'en sais un dans le grenier à sel, qui laisse des loisirs. Vous conviendrait-il?

— Monsieur, répondis-je, peut-être suis-je dans le cas de vous surprendre. Mais je suis fort éloigné par mes goûts de ces occupations. Je n'ai eu l'honneur d'aborder M. Bouret que par déférence pour M. Sellon, qui m'avait invité à faire cette démarche, mais je ne crois pas que je puisse rendre des services efficaces en me penchant sur des écritures. J'avoue que ce serait pour moi une besogne rebutante.

— J'admire des scrupules auxquels je ne suis point accoutumé, reprit M. Tournay, mais vous êtes un enfant : on a des sous-ordres qui prennent toutes les peines, et on se contente de recevoir les émoluments. — Ceci ne me conviendrait pas.

Je vis bien que M. Tournay souriait, comme s'il m'eût taxé d'une sorte de naïveté.

— Est-ce donc à la Cour que vous prétendez faire votre chemin ?

— Monsieur, lui dis-je, d'un ton sérieux, je n'aspire aux honneurs que lorsque je les aurai mérités. Je ne désire qu'une occasion de prouver ce que je puis valoir.

Il y avait, assurément, de la résolution dans ma façon de m'exprimer. — Touchez-là, fit M. Tournay, cela est si nouveau pour moi, qui ne suis habitué à voir que courbettes pour la satisfaction d'intérêts immédiats. Vous tenez un langage qui oblige à l'estime. Mais je n'ai, dans mes attributions, que le département des places dans les affaires, selon les ordres de M. Bouret. Il faut donc de la réflexion pour trouver le moyen de vous orienter d'après vos idées. Avec cette chaleur d'âme que n'êtes-vous entré dans l'armée ?

— J'ai, Monsieur, un parent respectable qui m'a averti des déboires auxquels est exposé un officier sans fortune. Au demeurant, il n'y a point de guerre, et je ne me soucie pas de tenir obscurément garnison dans quelque ville maussade.

— Vous voulez, en somme, conquérir la renommée par vous-même, et sans brigue.

— Il en est ainsi. N'est-il pas quelqu'un qui aurait besoin d'un homme ayant du cœur, et que troubleraient ni les difficultés, ni les dangers?

— Vous avez, Monsieur, des sentiments généreux qui ne vous font point apercevoir que ceux qui vous chargeraient d'une telle entreprise se donneraient les gants de son succès, si elle réussissait? Je loue fort votre ardeur ; il serait bon qu'il s'y mêlât un peu d'expérience. Ne voyez point là ombre de moquerie. Je ne vous écoute point sans me sentir ému par l'impétuosité de votre caractère. A vingt ans, je vous ressemblais. Il n'était point aventures que je ne rêvasse, et je me plaisais aux bravades. La vie m'a assagi, et j'occupe un poste fort sédentaire. Il est très envié. Ce n'est pas pourtant, sans attendrissement que je songe parfois aux belles lubies de ma première jeunesse. Je n'ai que trente-cinq ans, mais je suis plus vieux par l'opinion que j'ai dû me former de la bassesse des solliciteurs. Je vous suis tout acquis. Je vais méditer sur la meilleure façon de vous être utile. En attendant, vous voudrez bien accepter que je signe ce papier.

M. Tournay écrivit en effet, quelques lignes, et me les remit.

— Qu'est cela, m'écriai-je, un bon de cent

louis ! A quel titre? Je n'ai point demandé de secours. — M. Bouret me ferait grief de vous laisser partir sans un souvenir de lui. Ne savez-vous pas qu'il tient à sa réputation de libéralité ?

Je ne pus me garder d'un mouvement de colère, et je déchirai le papier.

— Parbleu, dit M. Tournay, vous êtes un héros ! Je n'eus point l'intention de vous fâcher : je ne fis qu'obéir aux instructions générales que je reçus de M. Bouret, qui entend qu'on ne se soit pas adressé à lui vainement. Je lui rapporterai ce beau trait, mais il se pourrait bien qu'il haussât les épaules et qu'il se fachât à son tour. Qu'est-ce pour sa prodigalité, que cette bagatelle : n'allez point le rendre sévère à votre égard. Il n'admet pas de refus à ses dons.

Je persistai dans ma résolution, cependant M. Tournay me dit que j'avais tort, mais il me tendit la main. Il en vint à me conter mille choses singulières sur M. Bouret.

— Je l'aime, fit-il, parce que, en dépit de son ostentation, qui est prodigieuse, sa complaisance est sincère, et elle le fut avant qu'il disposât de trésors. Savez-vous ce qui, jadis, détermina son mariage? Il épousa une personne pour laquelle il n'avait point de goût pour la raison que, avec sa dot, il pouvait obliger un ami, ayant besoin d'une somme considérable, qu'il n'avait point alors. Cette dot, qui était d'un grand poids, ne fit que passer de ses mains dans celles d'un autre. L'union, conclue dans ces conditions, ne fut point heureuse. Il n'y eut pas, d'ailleurs, de séparation sans que M. Bouret ne rendît fort exactement la dot, que cet ami ne lui avait pas remboursée. Vous le verrez sans cesse occupé de spéculations, et il ne s'y livre que pour pouvoir donner, et donner toujours. Croyez qu'il a assez de philosophie pour ne pas tabler sur la reconnaissance. Vous savez les folles dépenses qu'il a faites en son château de Croix-Fontaine, dans le seul espoir que le roi, revenant de chasser, lui fît l'honneur de s'y reposer à peine une heure. Les architectes s'occupent sans répit à bâtir pour lui ; c'est pour lui que travaillent les artistes les plus célèbres. Il n'est rien de rare ou de précieux qu'il ne fasse aussitôt acquérir. Ses chevaux sont les plus beaux et ses carrosses les plus dorés du monde. Il offre des fêtes qui jettent dans l'éblouissement et des festins d'un luxe incroyable par la vaisselle et les mets, et, pour lui-même, il est sobre et se contenterait volontiers de peu. Il a toutes les galanteries : il fit, l'autre jour, à un de ses dîners, le contrit, en s'excusant auprès des dames du retard de ses jardiniers qui n'avaient point apporté de fleurs, mais chacune d'elles trouva à sa place un bouquet de diamants et de pierres précieuses. Il a des attentions délicates : les présents qu'il envoie ne sont pas seulement les plus coûteux qui soient, il les choisit en ayant eu soin de s'instruire des goûts de ceux qui les doivent recevoir. Il ne se satisfait point de donner ; il faut qu'il donne avec grâce. Ces seuls présents dépassèrent, l'an dernier, six millions. A ce train-là quelle fortune ne s'épuiserait pas? Qui sait si ce Plutus, à la fin ruiné, n'en sera pas réduit à emprunter quelques louis, qu'on lui refusera peut-être, mais ceux qui ont vécu dans son entourage ne se seront point oubliés ; et, encore que j'aie sa pleine confiance, je suis sans doute celui qui ait été le moins tenté par de faciles profits. J'osai m'inquiéter devant lui de ses profusions. Il me répondit qu'il avait dans sa tête des idées qui lui permettraient de les décupler. Je lui reconnais, à côté de cette fureur de dissipations, une véritable bienfaisance. Il lui arriva de nourrir une province que ravageait la famine. Il a eu toutes les femmes, et elles s'offraient à lui ; il a gardé, cependant, un attachement pour une maîtresse d'autrefois, qui n'a plus, avec l'âge venu, ni beauté, ni charme, mais elle l'aima, dans le temps que sa merveilleuse destinée ne se dessinait pas encore, et qu'il avait pris un nom supposé. Il n'a point voulu l'enrichir, de peur de la corrompre, et il ne lui a assuré que le nécessaire, dans une maison qu'il acheta pour elle à dix lieues de Paris. Elle a cent fois entendu parler de lui, et elle ne sait pas qui il est. Quand il s'évade de son faste, c'est pour se rendre auprès d'elle, en fort modeste équipage. C'est, dit-il, quand il a besoin d'un peu de sincérité, car, tout en les goûtant, il ne s'abuse point sur les hommages qui vont à lui. Ne divulguez point ce trait, je vous prie : je le cite pour vous montrer que M. Bouret est demeuré sensible, malgré le vertige que donne la puissance de l'argent. Ce fut pour cette personne qu'il me pria, selon sa politique sentimentale avec elle, d'acheter un bijou commun, car, entraîné par ses habitudes, ses yeux se fussent naturellement portés sur le plus riche écrin du joaillier.

M. Tournay me dépeignit ainsi, tel qu'il est, et non seulement tel qu'il est dans le public, l'opulent financier, en qui il y a plus de bons côtés qu'on le croit généralement. Il s'appliqua, étant encore jeune, par système, à paraître aimable, et ce qui fut d'abord une sorte de masque chez lui est devenu naturel. — Cette amabilité est, sans effort, sa règle de conduite. Je crois qu'il n'a guère de rancune que contre M. Robbé, parce que ce médiocre poète lui voulut rendre cinquante louis, implorés en un jour de détresse.

M. Bouret l'appela nigaud. M. Robbé, qui avait eu moins de morgue quand sa bourse était vide, jeta la somme sur la table. — J'eusse pourtant voulu, dit M. Bouret, vous la laisser afin d'acheter un balai pour nettoyer les ordures de vos vers.

Une heure s'était passée en cet entretien. M. Tournay me renouvela sa promesse de s'occuper de moi, encore, ajouta-t-il avec une bonne humeur qui faisait passer cette pointe, qu'il eût un tout autre bailliage que celui dont dépend l'héroïsme, et il me pria de ne pas manquer de le venir voir sous peu.

C'est ainsi, Monsieur, qu'après avoir été admis auprès d'un véritable roi, dont la gueuserie est affligeante, j'ai connu ce M. Bouret, à qui l'énormité de ses dépenses a fait, à Paris, une royauté qu'on ne s'avise pas de contester.

XV

Le souper de Chaillot

Ce 7 de Décembre 1771.

Je vous ai dit, Monsieur, la bonne grâce de M. Tournay à qui me confia M. Bouret. Il m'avait donné la liberté de me venir enquérir de la suite des démarches qu'il ferait en ma faveur. Je me présentai chez lui.

— Je vous avais prévenu, fit-il, dès qu'il m'aperçut : M. Bouret n'a point trouvé bon votre refus du présent que je vous voulus faire, selon ses intentions. « — L'orgueil de ce jeune homme, m'a-t-il répondu, quand je lui parlai de vous, ne le servira point. Il eût bien été le premier à qui j'eusse demandé de la reconnaissance. » M. Bouret a une telle habitude de donner qu'il se blesse qu'on n'accepte pas ses libéralités. Je crains qu'il ne s'intéresse pas à vous comme j'eusse souhaité qu'il le fît. Je me suis néanmoins occupé de satisfaire vos désirs, si vous rêvez toujours de grandes actions et d'une large dépense d'énergie et de courage.

Je protestai que mes aspirations ne s'étaient pas modifiées sur ce point-là.

— Eh bien donc, reprit M. Tournay, vous plairaît-il d'aller chercher cette gloire au loin ? Après la perte de l'Inde et du Canada, M. de Choiseul avait eu dessein d'élargir notre domination sur la Guyane. La désastreuse expédition de Kourou dégoûta d'une telle entreprise, dont les ennemis du Ministre avaient tiré avantage contre lui. Cependant, bien que M. d'Aiguillon n'ait guère de goût pour les idées de son prédécesseur, ce projet revient sur l'eau. M. Malouet, qui est commissaire général de la marine et secrétaire des commandements de Mme Adélaïde, insiste fort pour qu'on mette à sa disposition des ressources lui permettant de réussir une opération qui fut manquée, faute de justes prévisions. Je puis vous aboucher avec lui. Il y a, là-bas, beaucoup à tenter (1).

Je remerciai M. Tournay et lui dit qu'il y avait trop longtemps que j'enviais de me jeter dans des aventures pour que je ne me hâtasse pas de saisir l'occasion qui m'était offerte. M. Tournay me frappa amicalement sur l'épaule.

— Je suis prêt, vous le voyez, me dit-il, à seconder vos vues. Mais j'ai de l'amitié pour vous, et je vous dois faire part des scrupules que j'ai à votre égard. C'est la gloire que vous ambitionnez ? — Apparemment. — Mais aurez-vous la patience de l'attendre, si elle doit être longue à venir ? Vous saurez que la Cour et Paris n'ont pas accoutumé de songer beaucoup à ceux qui sont loin. Je ne doute point de votre ardeur à accomplir des exploits, mais le théâtre où vous les consommerez est à une telle distance que l'écho n'en parviendra guère ici. Parlons sans détour. Est-ce le seul dévouement à une noble

____

(1) M. de Malouet, en dépit de l'activité de ses démarches, ne put partir pour la Guyane qu'en l'année 1776 (note de M. de Quiévelon (en marge de la lettre du chevalier).

tâche qui vous amène, ou ne séparez-vous pas vos généreuses conceptions de l'espoir d'une prompte renommée ?

Je convins que, tout décidé que je fusse à courir des risques, j'enviais cette renommée, pour le prestige qu'elle confère à celui qui l'a conquise.

— Il vous faudrait donc vous morfondre pendant des années, en un pays perdu, supposé que vous en revinssiez épargné par les fièvres, ou que l'on ne vous soufflât point le fruit de ce que vous aurez fait de méritoire.

J'avouai que je serais plus pressé de jouir de la récompense de ma conduite, et je ne pense pas, Monsieur, que vous blâmiez en moi cette prétention de vous faire honneur dans un moindre délai.

— Réfléchissez donc, reprit M. Tournay, et, en attendant, donnez-moi le plaisir de venir souper avec moi demain dans la petite maison de Chaillot de M. Bouret, dont il me veut bien laisser la disposition. Je traiterai quelques amis, ou plutôt quelques-uns de ceux qu'on décore facilement de ce nom, trop prodigué, en effet.

Je fus exact à me rendre à cette invitation. Je devançai même le moment indiqué. Il était à peine onze heures de nuit quand je fus introduit dans cette maison, dont l'aspect me parut d'abord assez modeste. Mais à peine eus-je franchi la porte que je compris que ce n'était là qu'un moyen de ne pas attirer la curiosité, au cas où le maître du logis souhaitât entourer de discrétion ses affaires galantes. C'était, au contraire, le luxe le plus ingénieux, dès l'antichambre de marbre ornée de trophées, des attributs mythologiques de l'Amour. Une seconde pièce était encore une salle magnifiquement décorée 'en or et en bleu, avec des bas-reliefs représentant des scènes libertines, mais qui attestaient la perfection de l'Art. Cette pièce donnait accès à un salon dépassant en magnificence tout ce qu'il m'avait été donné de voir jusque-là : des colonnes enrichies d'ornements d'or, une cheminée merveilleuse de jaspe, des panneaux, qui continuent la décoration du plafond et évoquent la défaite des héros antiques par l'Amour ; des consoles aux bronzes les plus finement ciselés, supportant des vases du plus grand prix, des porcelaines d'une grâce exquise; des statues de déesses, des lustres en cristal de roche, que sais-je ! Je considérais ce superbe ensemble quand M. Tournay parut, et s'excusa aimablement d'avoir été devancé par moi.

— Sans doute, me dit-il, serez-vous curieux de voir ce qui est ici le temple de l'amour, encore que ce temple n'ait pas eu depuis longtemps de desservants, car M. Bouret le délaisse momentanément, las d'y avoir sacrifié, et ayant la fantaisie, pour des plaisirs où il ne saurait plus apporter le feu de la jeunesse, de décors autrement conçus.

Il me conduisit dans une chambre tendue de soie rose glacée d'argent où on a réuni tout ce qui peut inviter aux rêves voluptueux. Du plafond divinement peint de libres allégories, descendent des écharpes d'or et d'argent dont, sur la corniche, de charmants petits sátyres semblent disputer à des nymphes de la cour de Vénus le soin de leur disposition. C'est un délicieux enchevêtrement de guirlandes de roses, ce sont des commodes et des chiffonniers en porcelaine de Sèvres sur lesquels se présentent aux yeux des fleurs et des oiseaux, des tapis de toute beauté, des sophas couverts des étoffes les plus rares. Ce sont encore des amours qui soutiennent, en se jouant, le baldaquin du lit en forme de conque, appuyé sur une vaste coquille, formant glace. Tout est fait pour éveiller ou ranimer les désirs des sens. Je contemplais ces splendeurs qui évoquent toutes les jouissances, quand on annonça un des convives.

C'était ce M. Robbé, dont M. Tournay m'avait parlé, qui, me fut-il dit, regrettait fort la fierté que, en une lubie, il avait accusée en narguant M. Bouret, et qui souhaitait reconquérir ses bonnes grâces. Il est en réputation d'avoir écrit, avec verve, des poèmes sur des sujets fort scabreux. Il passe pour un esprit fort, mais est assez habile homme pour se faire attribuer des pensions, à la condition de ne point imprimer ses satires où il se moque de la religion. Apparemment, c'est d'un meilleur calcul que de s'exposer à être logé à la Bastille. D'autant qu'il ne se fait point faute de lire partout ses petits vers libertins.

Il vint ensuite un homme dont l'aspect était fort grave : on le nomma. Ce personnage que j'eusse pris pour quelque magistrat, était un directeur de théâtre, M. Gallier de Saint-Géran. Puis ce fut un avocat au Parlement, M. Coqueley de Chaussepierre, qui sautillait plus qu'il ne marchait. Un officier au régiment de Bouillon, M. de Lauvejols, parut après lui. Un médecin, à la démarche très vive qui paraissait montrer de la combativité, même en souriant, le Dr Préval, arriva peu après. Et ce fut, s'étant disputé avec le cocher de son carrosse de louage, et se présentant encore fort bourru, le pas pesant, les traits massifs, un artiste des plus admirables, M. Moreau le Jeune. A la vérité, si les autres reflétaient sur leur visage l'appétit du

plaisir, il semblait n'être venu que par obligation. M. Tournay me dit, me prenant à part,
que ses manières contrastaient fort avec la délicatesse de son art, et que M. Moreau, à qui l'on
doit le plan de si belles fêtes à la cour, aimait
peu le monde et ne tenait pas à s'y rendre
agréable. Il ne venait, ajouta M. Tournay, que
pour juger de la décoration de la maison,
dont, connaissant la manière de l'architecte,
M. Pierre, il avait contesté le goût. Après
M. Moreau parut M. Joliveau, qui est secrétaire
perpétuel et inspecteur breveté de l'Opéra, et,
en même temps que lui, M. du Rozoy, qu'on
salua comme un philosophe venant de payer sa
philosophie d'un emprisonnement. A ces hôtes
se joignirent un abbé, de fort bonne mine,
encore qu'il se plaignît de la délicatesse de sa
santé et qu'il assurât qu'il avait fait effort pour
ne pas manquer à cette réunion. Au demeurant,
il mangea comme quatre. Je ne puis vous
parler de tout le monde : les autres, qui ne bril-
lèrent point, faisaient, à mon sens, figure de
parasites.

On attendait encore une personne : il en vint
deux. M. Tournay, qui a un parfait estomac, a
le culte de la bonne chère, et prétendait nous
faire goûter d'un menu qu'il avait médité lui-
même. C'était pourquoi il n'avait pas invité de
femmes qui, selon son sentiment, empêchent,
en causant des distractions, d'apprécier les mets
qui sont servis. Il y eut une femme, cependant,
parmi nous. Elle avait été amenée par une sorte
d'escogriffe, qu'on nomme M. de Fontpeydrouze, gentilhomme de Catalogne ; il me
déplut, tout de suite, par son aplomb excessif
et, en même temps, par je ne sais quoi de faux
que je trouvais dans son regard. Il dit que, ayant

rencontré Mlle Beauvoisin dans un tripot où il avait passé une partie de la soirée, il l'avait, de son chef, invitée aux dépens de M. Tournay. De ce M. de Fontpeydrouze, je sus plus tard des choses horribles. Mes préventions contre lui ne laissaient pas que d'être fondées.

On passa à table, non sans qu'on eût admiré l'ingénieuse décoration de la salle où l'on était introduit. Entre les colonnes bleues à base dorée, les panneaux offrent aux yeux des bas-reliefs qui représentent les fêtes de Comus et de Bacchus. Des trophées ornent les pilastres de leur décoration et désignent la chasse, la pêche, les plaisirs de la table et ceux de l'amour. De chacun d'eux sortent autant de torchères portant des girandoles à dix branches qui rendent ce lieu éblouissant. Le plancher de la salle est fait du plus beau bois des Indes, incrusté d'ivoire et d'ébène. Des consoles sont chargées de vases d'argent et de vermeil.

M. Tournay expliqua que la libéralité de son patron (c'est de cette expression qu'il se servit) lui permettait de faire à ses convives les honneurs de ce beau cadre, et qu'il devait à cette libéralité l'emprunt d'officiers de cuisine qui avaient juré de se surpasser dans leur art, car c'était, en fait, M. Tournay qui avait la haute main sur eux, et il avait paru juste à ces gens qu'ils traitassent, ce soir-là, le secrétaire aussi bien qu'ils eussent fait pour le maître.

On loua fort la générosité de M. Bouret. Le repas fut composé d'une façon admirable. Je sais, Monsieur, que vous êtes contraint à la sobriété, et il serait cruel de vous faire le détail de ce festin, où tout était conçu avec un raffinement merveilleux. Il n'y eut d'abord que des exclamations sur l'ordonnance du service et sur l'excellence des plats qui attestaient le génie de ceux qui les avaient préparés. Ce qu'il y eut de plaisant, ce fut l'outrecuidance de M. de Fontpeydrouze, qui semblait être l'amphitryon, et, tout en dévorant lui-même, faisait mine de s'inquiéter de la satisfaction des convives, comme s'ils eussent été régalés par ses soins. Il prenait les gants des attentions qui leur avaient été prodiguées. On finit par rire d'une attitude qui était, en effet, comique. Encore qu'il n'eût pas désiré sa présence, M. Tournay avait les égards de sa politesse habituelle pour Mlle Beauvoisin ; il paraissait, pourtant la connaître, au moins de réputation, et n'avoir point d'illusion sur elle.

La bonne chère et les vins déliaient peu à peu les langues, et la conversation s'engageait, des plus vives. Je n'avais guère encore parlé qu'à mon voisin, M. de Lauvejols et, pour n'être point à court, je lui avais demandé s'il connaissait un officier qui avait appartenu à son régiment, M. de Rocquemont.

— Hé, pardieu, fit-il, Rocquemont-la-Duègne! Je ne suis point d'âge à avoir servi en même temps que lui, mais une tradition s'est si bien établie qu'il est impossible d'ignorer son histoire.

Je répliquai que j'avais eu l'honneur de m'entretenir avec lui, et qu'il ne méritait point de moqueries. M. de Lauvejols le voulut bien concéder, puisque, me répondit-il courtoisement, je me portais garant de la dignité du caractère du major. Il ajouta, néanmoins, qu'il eût fallu avoir en soi bien du sérieux, pour ne pas trouver l'aventure risible. Je pensai que M. de Rocquemont ne se fâchait point à tort, puisque son mariage forcé, à Minorque, alimen-

tait une légende. Mais on cessa les propos de
voisin à voisin, et la causerie devint générale,
s'animant de plus en plus. Je ne saurais, Monsieur, que vous en donner un imparfait reflet,
tant les ripostes et les plaisants commentaires
avaient de feu et se croisaient avec promptitude.
Je ne vous dirai, sans le brillant de ces reparties,
que ce que je retins.

M. Gallier de Saint-Géran, qui est directeur
des théâtres de Bourgogne, n'est point aussi
grave qu'il m'avait paru l'être. On sent qu'il a
la pratique de la scène. Il fit une imitation des
plus amusantes de M. de Voltaire, avec lequel
il a la bonne fortune d'être en relations assez
suivies, car, à l'instigation de ce grand homme,
il a donné des représentations au théâtre de
Châtelaine qui, tout près de Genève, est en ter-
ritoire français, de sorte que les magistrats de
la République ne peuvent que protester vainement contre le goût des spectacles qu'ils
réprouvent. Il est en pourparlers avec M. de Voltaire pour la construction d'un théâtre, à
Ferney. Il fut vraiment à peindre quand il
reproduisit la démarche, le ton, la voix, du
vieillard illustre qui se donne toujours comme
moribond et fait, cependant, des projets pour
une longue suite d'années. M. de Saint-Géran se
piqua de faire passer devant nous des images
évoquant l'extrême mobilité des manières de
patriarche. C'était M. de Voltaire, assistant à
une de ses tragédies, applaudissant comme un
possédé, frappant le plancher avec sa canne,
s'attendrissant, s'essuyant les yeux avec son
mouchoir, s'écriant, sans se soucier des spectateurs :

— Ah ! que c'est bien ; mon Dieu, que c'est
bien !

Il court vers Le Kain, qui est venu de Paris jouer la pièce, il le prend par la main, il le serre contre sa poitrine, il l'embrasse, se baissant soudain avec effort pour réajuster un de ses bas, roulé sur son genou, qui s'est détaché. Puis, avec cette feinte modestie qu'il aime à affecter, il s'écrie :

— Ce n'est pas moi qui ai fait mes tragédies ; c'est lui !

Ou bien, c'est M. de Voltaire qui se coiffe du bonnet que lui a offert une Genevoise, ou il écume en recevant des nouvelles de Paris qui l'alarment, ou il se plaint de ses infirmités en disant qu'il a les yeux rouges comme un ivrogne, bien qu'il n'ait pas l'honneur de l'être, ou encore — et ceci fut de la plus grande bouffonnerie — il simule, pour désarmer ses ennemis, une extrême dévotion, se rend à l'église en portant un gros cierge, reçoit la communion et, dans sa démangeaison de discourir, se substitue au curé de Ferney et, malgré la surprise de celui-ci, prêche à sa place. M. de Saint-Géran a bien des talents pour donner la comédie des travers des gens qui jouissent de la plus grande célébrité.

Il dérida M. Moreau, tout bourru qu'il fût, qui, bien qu'il ne cherchât point un succès pareil à celui d'un homme dont le métier est de provoquer le rire, eut des traits si ramassés et si justes qu'il s'imposa à l'assemblée, en peignant (et c'est vraiment l'expression qui convient) les dessous des grandes cérémonies, vues, pour ainsi dire, de la coulisse. Dessinateur des Menus plaisirs, et, comme tel, se trouvant mêlé à tous les préparatifs des fêtes, il conta, en mettant quelque philosophie dans ce tableau, les perpétuelles inquiétudes, allant parfois jusqu'au désespoir, de M. Papillon de la Ferté, l'intendant des Menus, tiraillé entre les quatre ducs dont il a à recevoir les ordres contradictoires ; ayant affaire aux chanteurs et aux comédiens qui sont les gens les plus indociles du monde ; rabroué par le contrôleur général des Finances, qui ne paye point volontiers les dépenses dont il est fait état, obligé, cependant, d'après de hautes volontés, d'en engager d'autres ; discutant avec les fournisseurs, les cajolant ou les grondant dans la peur de leur inexactitude, ayant à veiller aux voyages de la Cour, à l'entretien de la garde-robe du roi, du Dauphin, de Mesdames, au choix des présents faits par la famille royale ; examinant avec le sérieux d'un général prêt à livrer bataille, le projet d'un feu d'artifice ou d'illuminations et de cordons de lumière ; regardant comme un devoir de sa charge malgré tous ses tracas, de plaire à tout le monde, tyrannisé en outre par sa maîtresse, Mlle Rosetti. Pendant les fêtes du mariage du dauphin, M. de la Ferté pensa devenir fou.

— Vit-on jamais, dit M. Moreau, de si grands tourments pour tant de futilités ! Pour moi, à contribuer, le crayon à la main, aux plaisirs des Grands, je m'en aime que mieux ma médiocrité. — Un peu dorée, fit l'avocat, M. de Chaussepierre. — Argentée, seulement, ce qui me suffit, répondit M. Moreau ; j'ai quatre bouches à nourrir.

Il dit ces mots avec une telle dignité que personne, bien qu'on commençât à être échauffé par le vin, ne songea à s'étonner de cette austérité.

Cependant, la conversation n'avait pas encore pris un tour graveleux. Ce fut M. de Chaussepierre qui la mit insensiblement sur ce ton-là. On s'était d'abord récrié quand il avait parlé de son idée de publier un journal qui parût tous les jours, dont il avait même le titre tout prêt, le *Journal de Paris*. Il est, en effet, bien invraisemblable qu'une feuille puisse s'alimenter quotidiennement d'une matière suffisante, mais j'appris que cet avocat est renommé pour ses paradoxes et ses bouffonneries. Je ne saurais vous dire comment il en vint à parler du mariage et des obligations conjugales ; je crois, pourtant, que ce fut à l'occasion d'un procès en séparation, qui a fait quelque scandale. Quelqu'un dit en riant qu'il voudrait bien qu'on lui montrât des époux vraiment unis.

— J'en sais un exemple, fit M. de Chaussepierre, mais je ne puis m'empêcher de le trouver assez comique.

— Il est vrai, dit l'abbé, ayant encore la bouche pleine, que la fidélité est comique en elle-même, comme tout ce qui est contraire aux lois de la nature ; ne sont-ce pas les bêtes, s'appariant selon leur instinct, qui leur obéissent le mieux ?

— Ecoute cela, dit M. de Fontpeydrouze à Mlle Beauvoisin, non sans quelque grossièreté.

— Nommeriez-vous ces époux singuliers ? demanda M. Tournay.

— Il ne s'agit de rien moins que de M. le duc et de Mme la duchesse de Saint-Aignan, qui ne sont pas loin, aujourd'hui, d'être nonagénaires, et qui ont procréé un grand nombre de petits et de petites Saint-Aignan. Mais ils furent des modèles de pudicité. Je tiens de source certaine que leur dévotion leur inspirait de tels scrupules que, en leur beau temps, lorsqu'ils se sentaient aiguillonnés par la chair, ils se gardaient

bien de s'abandonner aux élans impétueux d'une volupté brutale. Ils sanctifiaient leurs ardeurs, et conservaient de la décence jusque dans le moment où on a le moins à s'en préoccuper. « — Préparons-nous, m'amour, disait M. le duc à la duchesse, à faire un chrétien. » — Alors, pour faire ce chrétien avec prudence...
— Et comment donc? interrompit M. de Fontpeydrouze.

— M. le duc avait simplement une œillère dans sa chemise, et la chemise de la duchesse était pareillement disposée. Ils ignorèrent toujours leur nudité réciproque.

On s'amusa fort de ce récit, conté le plus plaisamment du monde. L'officier opina que cette bigoterie ne faisait que prouver la chaleur de leur sang, puisque avec tant de réserves, avec des voiles ne laissant passer que l'indispensable, ils n'en avaient pas moins réussi à s'assurer une postérité !

— Oh ! reprit M. de Chaussepierre, notre ami le docteur, n'eut point, un certain soir, tant de scrupules, lui, qui convia un public à constater son entrain et sa vigueur.

— Mais, répondit M. Préval, c'était une expérience pour le bien de l'humanité.

— Elle vous a coûté cher.

— *Médicorum invidia et discordia !* Il est vrai que la Faculté a prétendu me priver de mon titre de docteur-régent, mais je plaide contre elle, et il faudra bien que j'aie raison de cette cabale.

La plupart des convives semblaient instruits de cette mésaventure du docteur, mais d'autres souhaitèrent être éclairés de tous ses détails. Au demeurant, M. Préval, qui fait figure d'un homme n'étant point prêt à céder facilement, protesta qu'il avait été victime de la jalousie de ses confrères, et qu'il aurait sa revanche contre les Dessessart, les Barguer, les de Lépine, les du Petit et autres chefs, de l'insulte qui lui avait été faite. Il tenait pour admirable sa découverte d'un remède contre un fléau qui empêche de se livrer avec sécurité aux plaisirs de l'amour, et n'aurait de repos qu'il en eût imposé le bienfait.

— Il est vrai, dit M. Joliveau, que vous avez prouvé on ne peut plus nettement la confiance en ce remède. Il se trouva pourtant des gens pour douter de l'impureté de la fille que vous vous élûtes pour cette épreuve ?

— N'était-ce point pour prévenir cette malignité de l'opinion que je voulus des témoins, M. le duc de Chartres, M. le comte de la Marche, des seigneurs de leur suite et leurs médecins et chirurgiens, qui avaient constaté que cette fille était complètement gâtée.

— Et vous fûtes cependant en verve ? fit, avec un gros rire, M. de Fontpeydrouze.

— Il le fallait bien, pour la science, dit le docteur.

— Sans que cette assistance de curieux vous troublât ? demanda l'abbé, qui, poussant loin l'indiscrétion, s'inquiéta de savoir si M. Préval avait éprouvé, en fournissant sa course, les effets habituels du commerce des sexes.

— J'obéis à la nature, certain de la vertu de mon Eau Fondante, qui me rendait invulnérable.

— Monsieur, dit M. de Rozoy, je vous consacrerai une place dans mon livre, *le Nouvel ami des hommes*, quand j'en pourrai imprimer une autre édition sans risquer un second séjour à la Bastille, où je fus, d'ailleurs, assez bien traité, et où, sans s'approcher, assurément de la délicatesse de ce festin, la chère était des plus choisies. Le souper que l'on m'apporta, le premier jour, m'avait paru fort bon. Je me hâtai trop de l'accepter, car ce n'était que le repas de mon domestique. Ce fut lui qui mangea les mets qui m'étaient destinés. Mais, l'obligeance du gouverneur n'alla point jusqu'à me permettre de libres entretiens avec ma maîtresse, ce dont je fus fort privé, à ce point que, sans prétendre à une expérience, et certain que je n'aurais point de dangers à courir, j'eusse peut-être consenti, si c'eût été là une condition expresse à supporter, comme le fit M. Préval, tant mon sang bouillonnait, d'insolites présences.

— Il est de fait, dit M. de Fontpeydrouze, en se tournant vers Mlle Beauvoisin et en lui caressant la gorge sans ménagements, bien qu'elle se défendît, qu'il est des moments où, pour éteindre le feu de la passion, on ne se soucierait point d'être entouré, fût-ce par une foule.

Le ton de cet hôte de M. Tournay qui, lui, ne saurait se départir de la plus exacte politesse, me rebutait, et je me demandais la raison pour laquelle, dans cette compagnie de gens d'esprit, il avait été convié. Je sus, plus tard, que, loin d'être prié, il avait sollicité, d'une façon pressante, cette invitation.

M. Préval s'indigna de nouveau contre la Faculté qui avait déclaré, selon les termes de sa sentence, qu'il avait commis un acte monstrueux et infâme en se prostituant publiquement, et dit qu'il voudrait voir périr ses détracteurs du mal qu'il a su conjurer. Mais cette lettre est longue déjà, Monsieur, et j'aurais encore beaucoup à vous conter. Ce sera pour le prochain ordinaire.

XVI

Le Souper de Chaillot (*Suite*)

On ne laissait pas, Monsieur, que de s'échauffer. Les propos devenaient de plus en plus libres, du moins était-ce avec esprit. Cette aimable liberté fut gâtée par les histoires ordurières que se plut à conter M. de Fontpeydrouze. Je vous ai dit cette manière de répulsion qu'il m'inspira dès qu'il parut, avec cette assurance avantageuse dont se garderait un homme qui fût vraiment de qualité. Il est bien vrai que, plus on est délicat, plus on s'amuse de bagatelles. Les récits de M. de Fontpeydrouze, qu'il estimait plaisants, n'étaient que fort sales, et ne provoquaient point le rire. Pour l'amener sur les lèvres des convives, il renchérissait sur ces malpropretés.

On vit alors M. Moreau se lever et s'excuser de quitter la compagnie. Il dit, avec simplicité, que la nuit était déjà avancée et qu'il n'avait point accoutumé de se coucher à l'heure où le soleil se lève, qui était celle où, d'ordinaire, il se mettait à l'œuvre, dans son atelier. Peintre de toutes les grâces, d'autant plus charmantes qu'elles sont voilées, il est choqué de la brutalité.

— Vous avez, dit-il à M. de Fontpeydrouze, de petites façons de parler dont il n'y a pas au monde d'appareilleuse qui voulût s'accommoder.

Jugez de mon embarras, ajouta-t-il en souriant, j'ai la bourgeoise habitude de tout rapporter à ma femme, qui est une bonne femme, et, encore que nous ne nous piquions ni l'un ni l'autre de bégueulerie, il ne me serait point commode de lui tenir registre de ces discours salés.

— Pardieu ! dit assez insolemment M. de Fontpeydrouze, voici un mari bien scrupuleux.

Je ne sais ce qu'il allait ajouter de malsonnant, mais M. Tournay s'empressa de déclarer que le talent d'un tel maître en son art lui donnait le privilège de la franchise, et que, s'il regrettait, pour ses hôtes et pour lui, la privation causée par ce prompt départ, il admirait trop le pinceau de M. Moreau pour n'avoir point égard aux exigences d'un travail dont le public attendait tant de satisfactions. Quand M. Tournay eut mis un carrosse à sa disposition et l'eut reconduit jusqu'au seuil de la maison, M. de Fontpeydrouze, loin que les égards témoignés par les convives à M. Moreau, lui imposassent, se permit des gorges chaudes sur cet époux si sage et dont les oreilles étaient si susceptibles. M. Tournay le fit taire en protestant que M. Moreau était le plus honnête homme qui fût, et, avec un peu d'impatience, ajouta qu'il ne saurait point bon gré de persiflages à son sujet; et le Fontpeydrouze, qui avait déjà bu largement, se fit emplir son verre de vin d'Espagne.

Mais la conversation reprit sur un ton léger. M. Joliveau, qui est secrétaire de l'Académie royale de musique, fut amené, je ne me souviens plus de quelle manière, à dessiner de piquants portraits de chanteuses et de danseuses. Il dit qu'il avait vu de trop près ces filles d'Opéra, et qu'il connaissait trop leurs roueries pour être sensible à leurs charmes, et que lui, qui les con-

naissait toutes et eût eu facilement leurs bonnes
grâces, il avait pour maîtresse la femme d'un
procureur, plus constante en ses attachements.
Il en vint à conter une plaisante mésaventure
d'hier, dont on a fort ri aux dépens d'une
Mlle Grandi, qui est danseuse en double et qui
ne serait rien, sans doute, sans le maître de
ballet Laval, qui la trouva à son goût. Elle reçut
une lettre d'un Anglais, se disant fort épris d'elle,
mais ne se pouvant engager que dans une liaison
secrète. Il lui proposait vingt mille livres par
mois si elle voulait bien le recevoir quand il le
désirerait. Mlle Grandi n'eut garde de refuser
cette offre magnifique, et elle répondit le plus
favorablement du monde. Le mylord se présenta.
C'était un homme de belle mine, qui ne laissa
pas que de parler de ses biens immenses et de la
fortune que lui laisserait son père. Le marché fut
tôt conclu, et l'Anglais se hâta d'user des droits
qu'il avait acquis. Il était expéditif en toute
affaire. A peine eut-il été heureux qu'il regarda
sa montre.

— Mademoiselle, dit-il, je suis un homme
d'ordre, et je n'aurais point la conscience en
repos, si je n'avais exactement acquitté mes
dettes. Souffrez que je fasse un rapide calcul.
Voici seize minutes (et j'ose dire qu'elles furent
bien employées) que j'ai l'honneur de votre compagnie. Sur le pied de vingt mille livres par
mois, je vous suis redevable de sept livres, deux
sols, un liard et trois deniers. Veuillez constater
que je verse entre vos mains cette somme en
bonne monnaie de France. Puis il salua et s'en
alla. Les Anglais sont tenus pour gens qui sont
de grands originaux. Mlle Grandi pensa qu'il
était de ceux-là, se divertit de cette fantaisie,
comme d'un trait extravagant, et, le divulgua,

pour sa confusion, car le prétendu Crésus d'Angleterre était un mystificateur, qui ne songera jamais à revenir.

Mlle Beauvoisin n'avait ouvert la bouche jusque-là, que pour manger et boire.

— J'accepterais volontiers un tel arrangement, dit-elle, à raison de cent mille livres par mois.

Elle voulut faire le calcul de ce que vaudraient alors seize minutes, mais n'y parvint point.

M. Joliveau, qui a l'esprit caustique, se moqua des travers de ce monde du tripot lyrique, sans excepter les compositeurs. On vient de donner à l'Opéra une pastorale, la *Cinquantaine*, qui est le fruit du génie de M. de La Borde, et M. Joliveau le dépeignit, narquoisement, ivre de sa musique, qu'il trouvait la plus belle qui fût et dont il ne se lassait pas, faisant, aux répétitions, reprendre tous les passages aux musiciens, non qu'ils eussent failli dans l'exécution, mais pour l'entendre encore. Un maladroit, oubliant les égards dus aux œuvres d'un homme aussi riche que le premier valet de chambre du roi, dit un jour qu'un air de M. de La Borde rappelait singulièrement un air de Rameau.

— C'est donc, répliqua le fortuné mélomane, que Rameau devina la beauté de mon inspiration.

Mais je suis, Monsieur, un peu trop novice en ce qui a trait au théâtre pour pouvoir vous rapporter, dans tout leur brillant, ces malignités ; il faut être usagé dans ce milieu pour saisir tout le sel de ces moqueries.

L'entretien allait à bâtons rompus, et je serais fort embarrassé de vous dire comment il allait d'un sujet à un autre. Quelqu'un en vint à parler de la chance, qui est, dans toutes les entreprises, un grand élément de succès. M. du Rozoy, tout philosophe qu'il fût, ayant traité de graves questions, ne laissa pas que de se déboutonner. Au demeurant, dès le premier service, en se ralliant au parti du Dr Préval, il avait mis sa philosophie de côté. Son historiette eût même paru fort crue s'il n'eût mis à la conter une adresse que je ne saurais rendre. Il s'agissait d'une duchesse qui, jouant à la loterie royale, eut l'idée de faire choisir les numéros par un fol. Elle se fit conduire dans ce but, à Bicêtre, et exposa sa requête à l'un de ceux qu'on lui représenta comme les plus dérangés d'esprit. Ce fol, transformé en devin, consentit de bonne grâce ; il demanda une plume et écrivit trois numéros sur trois petits billets. Mais, au lieu de les remettre à la duchesse, il en fit des boulettes et les avala.

— Madame, dit-il, ce sera demain le tirage ; je vous réponds que ces numéros sortiront et qu'ils feront un terme. Il ne dépend que de vous de les venir prendre.

Cet insensé avait fait, bien que fort grossièrement, la critique des superstitions.

Mais, Monsieur, ce fut M. Robbé, le poète, qui pensa nous faire mourir de rire. Il est réputé pour l'extrême licence de ses écrits, il déclara toutefois qu'il n'était point l'auteur d'un petit poème dont il avait une copie dans sa poche, ce qu'il déplorait fort. Il l'attribuait à un M. de Saint-Mathieu, réfugié en Hollande. Le vin aidant, qui montait à la tête, on était dans le cas d'en entendre le plus joyeusement du monde la lecture. Ce poème portait le titre bizarre de *Parapilla*. Comme je n'ai point à garder avec vous certains ménagements, je vous dirai, pour votre amusement, ce que j'en ai retenu. Que ne puis-je reproduire le ton de M. Robbé, qui lisait avec une verve étonnante !

Imaginez qu'il s'agit d'un gentilhomme florentin, nommé Rodérigo, qui, ruiné par les grandes dépenses qu'il avait faites pour les femmes, s'était retiré à la campagne, où il cultivait son jardin. Il s'occupait à semer, non sans mélancolie au souvenir de son luxe d'autrefois, quand un inconnu l'aborda et lui demanda ce qu'il plantait. Le seigneur Rodérigo était de méchante humeur, et bien qu'il eût eu, jadis, des habitudes de parfaite politesse, il répondit, d'une façon brutale, en joignant à sa réponse un geste grossier :

— Vous en plantez, eh bien, il en viendra ! répliqua l'inconnu, qui disparut.

Quelle ne fut pas la surprise de Rodérigo quand, au moment de la récolte, il vit que la prophétie s'était accomplie ! Le fruit qui s'élevait de la terre était le plus extraordinaire qui fût. Il regretta fort son incivilité. Dans le temps qu'il exprimait son dépit, l'inconnu se montra: il n'était autre que l'ange Gabriel, touché du repentir du Florentin, Gabriel était plaisant, mais bon. Il consola Rodérigo.

                 ...Calme-toi, mon enfant.
Tu viens de voir un singulier prodige,
Mais ce n'est rien : prends la plus belle tige
Dans un panier, alors, tu la venderas
Cent mille écus : c'est le prix, et pour cause,
Car aussitôt que l'on verra la chose,
Femme ni fille à tous ne manquera
De s'étonner et de crier : *Ah ! Ah !*
Or, dans l'instant, la divine merveille,
Chez celle-là qui poussera ce cri

S'introduira, mais non pas par l'oreille
Et là, sans cesse, un doux charivari
Excitera volupté sans pareille.
Si l'on ne dit ce mot : *Parapilla !*

Rodérigo, rasséréné, n'a garde de ne pas
suivre le conseil, et il trouve comme cliente une
belle veuve, pour laquelle le veuvage était pesant,
et qui, à l'offre qui lui fut faite, ne laissa pas
que de pousser un grand *ah ! ah !* de surprise.
Le cadeau de Gabriel atteste aussitôt la vertu
dont il est doué. La veuve se récrie.

Et, néanmoins, le premier mouvement
Si naturel, fut de se laisser faire,
Se résignant, soupirant de grand cœur
Et, des deux mains, par excès de pudeur,
Cachant ses yeux. Le second, tout contraire,
Fut d'écarter, hélas, le téméraire.
Mais vains efforts et nouvel embarras,
Elle le veut, elle ne le peut pas.
— Mon cher Monsieur, voulez-vous que je meure ?
Je ne puis plus endurer ce méchant,
Ha, par pitié, délivrez-moi sur l'heure !
— Très volontiers, prononcez seulement :
Parapilla — Fi donc, c'est du grimoire,
Vous me trompez. — Non, vous pouvez m'en croire,
Le terme est neuf, propre à la chose ! Mais
Elle frémit et ne dira jamais
Ce vilain mot : la charmante hypocrite
Gagnant ainsi du temps et du plaisir,
Et ce ne fut qu'avec un grand soupir
Qu'elle lâche la parole susdite...

La veuve, n'a point pensé payer trop cher
une telle merveille, mais elle a une sœur, qui
est abbesse, et elle l'aime si tendrement qu'elle
ne peut se refuser de lui faire part du secret, et
de lui prêter le surprenant bijou. L'abbesse
s'enferme si longtemps que les nonnes, inquiè-

tes, ouvrent sa porte. Elle se reposait de douces fatigues. Sœur Agnès, la première aperçoit le fier Tarquin qui, lorsqu'elle a poussé un *ah !* *ah !* ne tarde pas à faire son office. On devine si le bel engin est bientôt disputé.

Il vous faudrait dire, Monsieur, comment, alors qu'il est précieusement clos dans sa cassette, il est volé par deux coquins, qui sont arrêtés, et le coffret, dans l'attente de leur jugement, est déposé chez le barigel. Celui-ci a une fille, qui venait de se marier. La curiosité la tente de savoir ce que contient la cassette. Elle l'ouvre, et elle est à ce point saisie par la vue de l'objet rencontré qu'elle a un grand *ah ! ah !* dont, sur-le-champ, elle éprouve l'effet. Que sera désormais son époux, comparé à ce superbe athlète !

Et ce sont bien des aventures encore, qui sont des plus plaisantes, et dont l'inimitable accent de M. Robbé doublait le comique. Le miraculeux butin passe de belles en belles, jusqu'à ce que Gabriel, jugeant qu'il fait tort à l'amour, le reprenne.

> Le beau phénix, transporté dans les cieux,
> Devint le page et l'amant des comètes.
> Chacun d'ici peut le voir sans lunettes.

La lecture de ce poème avait mis la compagnie fort en gaîté. On ne riait pas moins des questions que posait Mlle Beauvoisin, qui est cependant fort loin de l'ingénuité, quand les termes étaient voilés, car elle entend mieux les mots précis.

On s'animait davantage à mesurer que l'heure devenait tardive. La lecture de ce *Parapilla* avait ouvert la voie à des propos privés de toute retenue. Ceux-là mêmes, qui n'avaient pris qu'une part effacée à la causerie et n'avaient pas imposé l'attention, s'émoustillaient, et chacun tenait à écouter quelque aventure scabreuse personnelle, ou qu'il donnait pour telle. Dans un grand éclat de voix, c'était déjà le désordre qui suit un festin où tout a été prodigué. Soudain, on tourna les yeux du côté de M. de Fontpeydrouze ; il entreprenait Mlle Beauvoisin pour qu'elle se mît nue, et elle ne se prêtait point à cette fantaisie. Il me faut bien confesser, que les gens d'esprit qui s'étaient rencontrés à cette table étaient, eux aussi, bien près de perdre le sens, sous l'effet des fumées du vin, car ils applaudissaient à cette idée et pressaient cette fille de quitter les vêtements ; ils souhaitaient que, leur donnant l'illusion d'une divinité mythologique, ce fût elle qui remplît leur verre. D'autres, qui s'affranchissaient de toute délicatesse, proposaient qu'on la tirât au sort et que le gagnant n'eût point plus de réserve que n'en avait eu le docteur Préval dans son expérience. La résistance de Mlle Beauvoisin paraissait une offense qu'elle faisait à la compagnie, et on lui demandait, puisqu'on savait du reste qu'elle n'était pas même de moyenne vertu, quelle imperfection elle avait à cacher. Mais, bien qu'entourée de toutes parts (M. de Fontpeydrouze avait déjà découvert sa gorge) elle s'opposait à cette prétention de l'obliger à se déshabiller. Ce n'était point assurément un reste de pudeur, mais bien qu'elle n'eût rien à apprendre de la brutalité de certains appétits, elle n'était point disposée à les satisfaire. Elle trouvait inutile cet étalage de ses charmes que. dans l'état où se trouvaient les convives, on eût peut-être discutés impertinemment. Au demeurant, elle avait été plus sobre que ceux qui l'enserraient, et il était visible que, quel que fût le piquant des propos échangés, elle se fût ennuyée ou n'eût ressenti quelque déception.

Dans le temps qu'on la cernait ainsi, qu'on froissait et déchirait sa robe, elle s'élança vers moi, qui éprouvais quelque gêne de ces sortes de violences faites à une femme, quelle qu'elle fût, et elle me dit :

— Défendez-moi, et je vous appartiendrai de bonne grâce.

J'écartai d'elle, doucement d'abord, sur un ton de badinage, les plus hardis, et, tout en plaisantant, je réussis à les assagir, en leur rendant, par mes remontrances auxquelles je donnais cette bonne humeur, quelque lueur de raison. Mais Fontpeydrouze, que l'ivresse avait tout à fait gagné, s'approcha de si près de Mlle Beauvoisin que je la fis passer derrière moi, en étendant la main pour la protéger. Nous fûmes ainsi face à face.

— Monsieur, dit-il d'une voix alourdie, veut garder la proie pour lui seul ?

Je répondis, en gardant un ton de froide politesse, que je le priais, en premier lieu, de ne pas me faire sentir ainsi son haleine. Il riposta en disant que, s'il se pouvait mieux tenir debout, il me disputerait cette femme, qu'il avait amenée. La scène menaçait de devenir pénible. M. Tournay, qui s'était ressaisi, s'interposa et m'invita, en me frappant amicalement sur l'épaule, à reconduire cette nymphe, si ombrageuse par hasard, puisqu'elle avait fait de moi son chevalier, et qu'elle risquait de troubler l'harmonie d'une réunion qui n'avait été qu'aimable. M. de Fontpeydrouze, au demeurant, n'eût point longtemps soutenu une discus-

sion, car il était tombé devant les pieds d'une
chaise, et demandait confusément qu'on l'aidât
à s'asseoir plus commodément.

Le logis de Mlle Beauvoisin était situé rue de
l'Arche-Pépin, non loin de Saint-Germain-
l'Auxerrois.

Nous eûmes le loisir de nous entretenir pendant que le carrosse nous y amenait. Elle me
remercia de l'aide que je lui avais apportée et
voulut bien m'assurer qu'elle tiendrait la promesse qu'elle m'avait faite. Si elle n'avait plus
toute la fraîcheur de la première jeunesse, elle
ne laissait pas que d'être encore agréable, et,
j'étais en disposition d'accepter cette bonne fortune imprévue. Mais elle rafraîchit un peu mon
humeur galante en me disant que M. de Fontpeydrouze l'avait fort abusée, en lui promettant
de l'introduire dans une société où elle trouve-
rait aisément un riche protecteur, quelqu'un de
ces Anglais dont les libéralités étaient fameuses.
C'est cet espoir qu'il lui avait fait payer trois
louis, mais les convives n'avaient songé qu'à
parler, et aucun d'eux ne faisait figure d'entre-
teneur cousu d'or. S'ils s'étaient allumés à la
fin du repas, ce n'était que par jeu, dont elle
n'avait à tirer que moquerie, et point d'avantage.

Ces confidences rabaissèrent un peu ma
vanité, qui n'avait point à se glorifier beaucoup
d'une telle conquête. Du moins m'éclairèrent-
elles complètement sur M. de Fontpeydrouze et
m'expliquèrent-elles l'instinctive répulsion que
j'avais sentie pour lui.

Nous arrivâmes au logis. Je dois rendre cette
justice à Mlle Beauvoisin qu'elle avait sa façon
de probité. Elle me convia à monter jusqu'au
troisième étage de la maison. Devant sa porte,

nous nous heurtâmes à un sergent aux gardes qui sortait. Pendant qu'elle m'invitait à entrer, elle eut avec lui un colloque, que je pus entendre à demi. Le sergent la questionnait à mon sujet ; elle lui contait ce qui s'était passé à Chaillot, et, sans embarras, l'engagement qu'elle avait pris envers moi. Des paroles m'échappèrent, mais je perçus celles que prononça l'homme, d'un ton goguenard, en s'en allant :

— Ma chère, il faut toujours payer ses dettes, quitte à tirer profit de cette honnêteté.

Mlle Beauvoisin revint vers moi, mais le tableau qui s'était présenté à mes yeux et la conversation que j'avais surprise m'avaient à la fois édifié et tout à fait refroidi. Je n'avais plus aucune fierté de cette aventure. Mlle Beauvoisin, avec plus de conscience que d'enthousiasme, insista pour qu'elle se pût acquitter.

— Je regarde, dit-elle, ce point-là comme décidé entre nous.

Je lui rendis grâce, et, prétextant la fatigue, je me retirai. Le petit jour était déjà venu. Je suis fâché, Monsieur, de n'avoir pas à vous conter une plus belle fin de cette nuit-là, pendant laquelle, du moins, j'avais recueilli quelques histoires propres à vous divertir.

XVII

Une nuit de liberté

Ce 12 de Janvier 1772.

Je devais à M. Tournay mes remerciements pour son hospitalité. C'est de quoi, Monsieur, je me voulus acquitter hier.

— Hé bien, me dit-il, êtes-vous content de la Beauvoisin ?

Je lui contai les raisons qui m'avaient fait décliner ses faveurs, mais je ne pus me garder, dans mon indignation, de lui confier ce que j'avais appris sur M. de Fontpeydrouze. Il me répondit que je ne l'étonnais guère, qu'il avait eu tôt fait de juger le personnage, et qu'il avait à s'excuser de l'avoir accueilli parmi nous.

— Il est vrai, fit-il, qu'il m'avait amusé avec ses hâbleries : ce ne fut. qu'en l'observant, à table, que je soupçonnai, un peu tard, qu'il pouvait bien n'être qu'un coquin. Mais laissons cela. Je suis tout plein d'un récit que l'on vient de me faire... Je vous le ferai à mon tour... Savez-vous, continua M. Tournay, que nous avons, dans le successeur de M. de Sartines, un lieutenant de police qui a une manière de philosophie? Il se trouvait tout à l'heure chez M. Bouret, auquel il faisait visite. Je lui demandai des nouvelles d'un certain chevalier de Melle, que j'ai quelque peu connu, et que je savais être au For-l'Evêque, arrêté sur des présomptions d'être l'auteur de petits vers satiriques contre des gens en place.

« La prison du For-l'Evêque n'est point pour effrayer beaucoup. Habituellement, c'est là qu'on enferme les comédiens coupables de quelque infraction ou les débiteurs de mauvaise volonté. M. de Melle n'a point assez d'importance pour qu'on l'ait conduit à Vincennes ou à la Bastille. Le logis de la rue Saint-Germain-l'Auxerrois est, assurément, rébarbatif d'aspect, avec sa haute façade délabrée, mais il y a des accommodements avec les règlements et les guichetiers, et, pourvu qu'on dispose de quelque argent de poche, la captivité n'est point fort rigoureuse. Ceux qui l'ont subie n'emportent pas d'âpres souvenirs.

« Cependant, M. de Melle montra à son arrivée, un accablement qui étonna le concierge Duverger, habitué à plus de résignation chez ses hôtes. Le chevalier est un homme d'une quarantaine d'années, qui a eu une vie assez aventureuse, et son passé, l'ayant exposé à plus d'un accident, semblait l'avoir armé contre l'ennui de quelques démêlés avec la justice. Il n'en paraissait pas moins profondément affligé, et il ne cessait de pousser de grands soupirs.

« Quelques personnes, qui n'étaient pas sans avoir entendu parler de lui, car il fréquentait les théâtres et avait même travaillé pour la Comédie Italienne, lui avaient fait courtoisement accueil et l'avaient prié à souper ou à prendre part à quelque partie de pharaon. Il avait décliné les invitations, comme si les sentiments qui l'oppressaient ne lui eussent laissé aucune liberté d'esprit.

« Les jours suivants, son attitude n'avait pas changé. Sa mélancolie s'était même accentuée. Il ne touchait pas aux mets qui lui étaient servis. Duverger le vint trouver pour s'informer de lui.

« — Combien de temps durera ma détention? demanda le chevalier.

« — C'est là, malheureusement, Monsieur, répondit le garde de prison, le seul point sur lequel je ne puisse vous renseigner. Pour tous les autres, je suis votre serviteur. Mais pourquoi cette humeur noire? Votre cas n'est pas des plus graves. Vous pouvez passer ici le temps le plus agréablement du monde. Ne vous ai-je pas réservé une chambre à cheminée, fort propre et fort commode? Vous empêche-t-on de vous promener à votre gré dans le préau? N'avez-vous pas, pour votre distraction, une compagnie choisie? Ces messieurs ont mille ressources d'esprit. On n'entend que rires, même dans les chambres d'en bas, celles où les prisonniers sont à la paille.

« Le chevalier de Melle, haussa les épaules. L'exemple des autres n'était point convaincant pour lui. Il restait visiblement livré aux plus amers soucis. Duverger revint à la charge. »

« — Monsieur, lui dit-il, tous mes pensionnaires sont gais. Vous ne voulez point l'être et j'en suis fort navré. C'est pour moi une affaire d'amour-propre. Je suis pourtant aux petits soins pour vous. Je cherche vainement ce qui peut vous manquer en cette maison.

« — La liberté, Monsieur.

« — Bah ! une simple illusion. Où trouveriez-vous de tels loisirs, une société aussi aima-

ble, des attentions comme celles qu'on vous
prodigue ?

« Une semaine se passa, et M. de Melle ne
parvenait point à prendre son mal en patience.
On le voyait se ronger les poings de dépit et il
avait des cris de colère en contemplant les bar-
reaux de sa fenêtre. On s'avisa qu'il avait réussi
à en ébranler un. Il méditait l'évasion la plus
téméraire, en raison de la hauteur des murs.

« Le concierge s'inquiéta, et, alarmé de sa responsabilité, prévint M. le lieutenant de police de
ce fait surprenant : un prisonnier du For-l'Evêque, qui donnait les signes du plus grand désespoir.

« M. Lenoir se rendit à la prison et se fit
annoncer chez le chevalier.

« — Monsieur, lui dit-il, les rapports qu'on
m'a faits de votre état m'ont déterminé à vous
venir voir, car il y a une manifeste disproportion
entre le traitement plein d'égards que j'ai commandé qu'on vous assurât et vos transports. J'ai
lu vos couplets : vous en niez la paternité ! Soit !
Mais en fussiez-vous coupable, ils sont spiri-
tuels, c'est une demi-excuse et la peine qui peut
vous atteindre ne saurait être que légère.

« — Alors, ne me retenez plus.

« — Ce n'est pas par mon ordre que vous êtes
ici, et il ne dépend pas de moi, de vous ouvrir
les portes du For-l'Evêque. Mais peut-être avez-
vous une raison particulière de cette étrange
inquiétude : vous plaît-il de me la confier ?

« — J'ai une raison, en effet : j'aime. J'aime
avec toute la fougue, toute l'impétuosité d'un
jeune homme. Oui, après avoir connu une existence assez dissipée, je l'avoue, la passion la
plus vive et j'ose dire la plus pure est née en
moi. Une femme vraiment angélique en est l'ob-

jet. Cette brusque séparation me cause le plus cruel des tourments.

« — Hé bien, les visites ne vous sont point défendues.

« — Y songez-vous, Monsieur. Ce serait compromettre une personne qui mérite tous les respects.

« — Elle vous écrit ?

« — Et ses lettres, qui sont adorables de candeur, ne font qu'irriter mon chagrin.

« Le lieutenant de police réfléchit un instant. Ne vous ai-je point dit que son expérience lui avait suggéré une idée admirable ?

« — Engageriez-vous votre parole d'honneur, reprit-il, si je vous laissais sortir un soir, d'être de retour à la prison avant le petit jour ?

« Les traits du chevalier de Melle s'illuminèrent. Sa voix tremblait d'émotion.

« — Vous consentiriez ? s'écria-t-il, je pourrais la voir !

« — Je pense, fit M. Lenoir, que vous ne trahirez pas ma confiance. Je pense aussi que vous reconnaîtrez cette exception que je fais en votre faveur par plus de docilité ; vous ne chercherez pas à fuir ?

« — Je vous le jure, Monsieur.

« Dès le lendemain, Duverger, exécutant les ordres du lieutenant de police, ouvrit au prisonnier, avec mille précautions, la porte qui donnait sur le quai. Le chevalier s'y glissa, et avec une hâte merveilleuse, disparut dans la nuit.

« Il rentrait, ainsi qu'il l'avait promis, et même bien avant l'heure fixée. Le guichet passé, il réintégrait sa chambre. Il se jeta sur son lit, et la tête appuyée dans sa main, il médita longuement. Parfois, un rire douloureusement ironique se dessinait sur ses lèvres.

« — Comment, Monsieur le chevalier, lui dit, sur un ton de reproche, Duverger, venant prendre de ses nouvelles, c'est ainsi que vous nous savez gré de nos complaisances. Toujours maussade, toujours triste?

« — Cela passera, fit le détenu. Quoi qu'il en soit, vous pouvez désormais, vous dispenser d'un surcroît de surveillance.

« — Mais la bonne humeur ?

« — Laissez-lui le temps de revenir.

« Quelques jours plus tard, Duverger entretenait M. le lieutenant de police du chevalier de Melle.

« — Il est encore morose, lui disait-il, mais il a cessé de protester, et il ne songe certainement plus à s'évader.

« — Evidemment, répondit M. Lenoir. C'est parce que je savais la déception au-devant de laquelle il allait que je lui donnai ce congé de quelques heures, pour le rendre sage... Je connaissais son aventure sentimentale, où il a apporté quelque naïveté, pour un homme d'esprit. Il a eu la désillusion de ne pas trouver seule, mais en galante compagnie, cette personne qu'il appelait une femme angélique. Mes inspecteurs m'avaient renseigné sur les habitudes de celle-ci, qui s'accommodait fort de l'absence de cet amant dupé... Le pauvre homme cuve son chagrin, il est tranquille, désormais. Il n'a plus envie de nous quitter brusquement... Bah ! il se consolera en composant de petits vers contre la perfide... Voyez-vous, mon cher, ajouta M. Lenoir, il est bien inutile d'employer la rigueur, quand, pour arriver au but, il suffit d'un peu de politique... »

XVIII

Le théatre obligatoire

Ce 10 *de Février* 1772.

Je fus, hier, Monsieur, à la Comédie Italienne.
On y donnait une pièce de M. Marmontel, *l'Ami
de la Maison*, qui, à la vérité, ne m'a point extrêmement diverti, encore qu'elle parût plaire au
public. J'eus tort, peut-être, de n'y pas prendre
plus de plaisir, puisque, autour de moi, on était
satisfait. Je fus plus sensible aux ariettes du mu-
sicien, M. Grétry, ornant cette comédie, et qui
parlent au cœur.

Je ne vous raconterai pas le sujet de cet
ouvrage: il m'a semblé, encore que je ne sois pas
grand connaisseur, que l'auteur qui a eu, m'a-t-
on dit, bien des succès, ne se fût pas donné, cette
fois, une grande peine. La pièce fut, cependant,
représentée à la Cour, avant d'être offerte aux
spectateurs de la rue Mauconseil. Il s'agit d'un
certain Cliton, homme fort pédant, qui est l'oracle d'Orphise, la maîtresse du logis, mère de
l'aimable Agathe. Cliton, très écouté, trouve
toutes sortes de raisons pour pousser Orphise à
s'opposer au mariage d'Agathe avec Célicour, un
jeune et brillant militaire, son cousin. En fait,

il a, pour combattre cette union, un motif personnel : ce fourbe est épris d'Agathe et il oublie son habituelle prudence jusqu'à lui écrire une lettre des plus enflammées. Les deux amants se serviront de cette lettre pour le confondre et pour l'obliger à déterminer Orphise à donner son consentement à leur mariage.

M. La Ruette et M. Clairval me plurent par la vivacité de leur jeu. On assure (car vous ne sauriez croire à quel point on s'occupe de la vie des acteurs), que s'ils mettent tant de feu à exprimer l'amour qui possède leurs personnages, c'est qu'ils l'éprouvent au naturel, au delà du théâtre.

Mais je ne vous eusse point parlé de ce spectacle, sans la rencontre que je fis, en l'ayant pour voisin au parterre, d'un homme singulier. Je ne sais pourquoi il me prit à partie, m'estimant docile pour entendre ses discours. Son autre voisin était de moins bonne composition et m'avait ainsi, comme on dit, jeté le chat dans les jambes. Cet original, dont je ne pus me défaire, et qui ne se borna point à me parler, pendant les interruptions de la comédie, mais dans le temps même qu'on la jouait, me voulut apprendre qu'il se nommait M. Rabelleau, et qu'il était, de sa profession, avocat. Il avait, au demeurant, m'assura-t-il, de plus hautes visées que celles de rédiger des mémoires pour des causes qui n'étaient point dignes d'un grand intérêt.

— Je crois voir, Monsieur, me dit-il, que vous ne prenez qu'une médiocre distraction à cette intrigue, et c'est de quoi je loue votre goût et la sûreté de votre jugement.

Et, prévoyant une objection que je ne songeais pas à lui faire, il ajouta que je lui demanderais sans doute la raison pour laquelle, ne se plaisant aucunement aux spectacles de la Comédie Italienne, il y venait, cependant, assister.

— C'est, fit-il, pour me fortifier dans mes idées, qui sont celles d'un vrai réformateur du théâtre. Quelle leçon tirerez-vous de cette comédie? En quoi, après l'avoir suivie, vous sentirez-vous propre à accomplir de grandes choses?

Des personnes qui se trouvaient derrière nous, lui dirent qu'il les gênait et le prièrent de se taire. Il se contenta de baisser la voix, mais ce fut dans le loisir laissé entre le premier et le deuxième acte qu'il s'acharna à m'exposer ses conceptions. Vous dirai-je, tant elles étaient bizarres, que je l'écoutai d'abord avec quelque curiosité, ce dont je fus bientôt puni.

— Il faut, Monsieur, reprit-il, en ce qui concerne le théâtre, tout démolir, puis reconstruire. Le théâtre doit être l'école des vertus. Ce n'est point, ainsi, hélas, qu'il a été compris jusqu'à présent. Il est grand temps d'agir pour arrêter cette démoralisation dont il est l'artisan. Quelle piteuse ambition que celle d'amuser les gens! Il importe de développer en eux les plus nobles sentiments. Je ne méconnais pas les bonnes intentions de M. Riccoboni le père, dans sa *Réformation du Théâtre*, mais bien qu'il voulût proscrire l'amour des pièces représentées, il fut encore trop timide dans ses pensées. Et, d'ailleurs, ne s'occupa-t-il pas surtout de réformer les mœurs des comédiens, en exigeant qu'il n'y eût point de femme dans la troupe qui ne fût mariée et que celle qui se rendrait coupable du moindre scandale fût congédiée?... J'entends, pour moi, aller beaucoup plus loin. Je fais table-rase de tout ce qui existe. Prêtez-moi de l'attention, je vous prie. De mes projets naîtra une société nouvelle, qui ne comptera plus que des citoyens pénétrés de leurs devoirs. Selon moi, l'Etat prendra à sa charge la construction (entre nous, n'est-il pas scandaleux que nous restions debout, au parterre?) l'entretien et l'administration directe des théâtres, dont la gestion sera confiée à une compagnie d'hommes sages et vertueux. Ceux-ci décideront des sujets à traiter par les auteurs. Ce seront des sujets élevés, faits pour inspirer la générosité, le dévouement, l'amour de la patrie.

— C'est, dis-je, une bien grande affaire.

— Assurément, sans quoi je ne m'en mêlerais pas. Pour le choix des pièces, voici donc un point acquis. Reste l'interprétation de ces pièces, c'est particulièrement en ce cas que je crois avoir apporté des lumières toutes nouvelles. Je licencie toutes les troupes de comédiens.

— Mais, alors, comment jouer la comédie?

— Attendez, ne soyez point si pressé. J'ai des ressources dans l'esprit. Ces comédiens, qui ne sont que trop souvent des histrions, je les remplace par des jeunes gens des deux sexes, élevés aux frais de l'Etat, demoiselles de Saint-Cyr ou disciples des écoles publiques. Pour commencer, du moins, car j'ai bien autre chose en tête. Ne vous récriez pas, n'ayez même pas cette surprise que d'autres ont témoignée, qui ont accoutumé de m'envisager les choses que superficiellement.

Je protestai que j'étais tout oreilles. M. Rabelleau me prit par le bouton de mon habit.

— Monsieur, dit-il, voici ma grande idée. Un stage comme comédien de la nation, devra être obligatoire. Il sera décrété par une loi que nul ne pourra être admis à aucune place publique, à la Cour, dans le Ministère ou dans la robe, sans avoir donné dans sa jeunesse, des preuves de ses talents sur le théâtre créé par l'Etat. Est-il nécessaire de vous faire valoir les avantages d'une telle conception?

— Quoi ! m'écriai-je, tout le monde comédien?

— Oui, Monsieur, tous ceux du moins qui prétendent remplir un emploi utile Que de bénéfices moraux j'entrevois pour la jeunesse ! Pour les acteurs, que de profits intellectuels ! A cette obligation de paraître quelque temps sur la scène, ils gagneront la possession de soi, l'initiative, l'habitude de la responsabilité, qualités essentielles. L'étude d'un rôle, entreprise non point en hâte, par métier, mais d'après l'histoire et la nature, leur révélera les ressorts du cœur humain. Un futur juge, par exemple, ayant jadis joué un rôle de juge, sera, quand il abordera ses fonctions, plus soucieux des cas de conscience se présentant à lui. Un commis de ministre comprendra mieux l'importance des affaires qu'il traitera ; un médecin se souviendra opportunément, pour les éviter, des travers reprochés, au théâtre, aux médecins; un négociant même sera plus probe... Au demeurant, je ne puis ici vous exposer toute l'économie de ce projet. Je me flatte que vous serez convaincu de son excellence quand vous l'aurez lu, en tous ses détails, dans ma *Dissertation sur les spectacles*, qui parut, voici deux ans, chez le libraire Nyon l'aîné, rue du Jardinet.

Les utopies de M. Rabelleau commençaient à me fatiguer. J'avais aperçu dans une loge une fort belle personne, que j'avais entendu désigner comme une Laïs en réputation d'avoir inspiré de grandes passions, et je me plaisais à la considérer. Je ne manquai pas de dire à ce réformateur enflammé de ses réformes que je ne manquerais point de me procurer son ouvrage.

Le spectacle venait à peine de se terminer que M. Rabelleau courut après moi. Il tira de sa poche un exemplaire de sa *Dissertation*.

— Peut-être, dit-il, êtes-vous curieux de lire sans tarder ce livre dont j'eus l'honneur de vous parler... J'ai, par hasard, ce volume sur moi, en fort bon état... Il ne coûte qu'un double écu.

Ce n'était pas trop cher pour me débarrasser de ce redresseur des torts du théâtre, devenu un fâcheux. J'avais quelque peu manqué de prudence en engageant avec lui la conversation.

XIX

UNE OCCUPATION INATTENDUE

Ce 15 de Mars 1772.

Qui m'eût dit, Monsieur, que je passerais un délicieux après-midi à faire des calculs? La destinée est bien singulière : je n'ai jamais rêvé que prouesses, et j'ai eu plaisir à aligner des chiffres. J'aurais quelque confusion de sembler trahir les espoirs que vous avez bien voulu fonder sur moi, si ce n'était là qu'un effet du hasard. Ce pacifique travail auquel, à la vérité, je ne pensais point que je me pusse assujétir n'a en rien altéré mes dispositions à l'action. Vous aurez quelque indulgence quand je vous aurai instruit des circonstances qui me poussèrent à me livrer à cette aride besogne, devenue, par fortune, agréable pour moi.

Je vous ai dit que j'étais assidu chez M. Sellon. J'appris, quand je me présentai à sa porte, qu'il était souffrant, non point gravement, mais fort incommodé par quelque abcès à la gorge. J'allais me retirer : Mlle Angélique me fit dire qu'elle me recevrait. Elle était assise dans un petit salon, où je n'avais pas encore pénétré, devant une table chargée de registres et de papiers. J'exprimai les vœux les plus sincères pour la guérison de son père. Elle me dit qu'il n'y avait pas lieu de s'inquiéter, mais que M. Sellon pestait contre un repos forcé qui gênait ses habitudes d'activité, précisément en une période où il s'était fait une loi de la révision de ses comptes. C'est pourquoi elle s'était mise à l'œuvre pour le suppléer. Assurément, il avait des commis qui avaient ses instructions, mais il faisait, à certaines dates, un examen minutieux du résultat des opérations dans lesquelles il s'était engagé. Mlle Angélique, qui est loin d'être frivole, toute vive et spirituelle qu'elle soit, l'aidait parfois dans ces vérifications, car M. Sellon, avec la tendresse confiante et l'estime qu'il a pour son caractère, lui a fait connaître l'état de ses affaires.

Elle me dit que, pour lui épargner l'ennui des retards, elle avait pris le parti de préparer les éléments de cet examen. Sans doute, ce serait à M. Sellon de tirer des conclusions, mais à ce moment, il aurait sous les yeux toutes les pièces nécessaires. Je me levai pour la laisser à son occupation, mais elle voulut bien me retenir.

— Au fait, me dit-elle, savez-vous qu'il s'en est fallu de peu que vous ne vissiez en moi une personne pour laquelle les arrangements d'un mariage eussent été faits ?

A ces mots, je ressentis une émotion singulière, que je ne m'expliquai pas moi-même : n'est-il pas dans l'ordre naturel que cette aimable fille accepte un époux ? Mais la pensée de ne plus la trouver en cette accueillante maison me fut des plus pénibles. Grâce au ciel, son ton enjoué éloigna cette sorte d'anxiété que j'avais éprouvée.

— Oui, reprit-elle, on demanda ma main. Je suis bien obligée d'avoir la vanité de croire que je fis grande impression sur cet amant, car il ne m'avait pas aperçue plus de deux fois ; encore m'étais-je abstenue de lui parler.

Cela fut dit avec un sourire moqueur dont je fus charmé, car la moquerie visait, de toute évidence, le prétendant.

— C'est dommage, dit-elle, avec le même persiflage, j'eusse porté un beau nom. — Et lequel? demandai-je? — Je me fusse appelée Madame de Fontpeydrouze.

J'eus un geste de stupeur, et je ne la pouvais plus suivre, en effet, dans son badinage.

— Hé quoi? m'écriai-je, cet homme a pu se porter à ce comble d'impudence!

J'outrepassai sans doute les libertés que je me pouvais permettre en demandant, avec un visage alarmé qui surprit Mlle Angélique, comment il avait pu être reçu dans une respectable famille.

— Vous le connaissez? dit-elle. C'est un sot. — S'il n'était que sot! — Croyez que mon père était édifié et qu'il fit à sa démarche la réponse qui convenait. — Mais la prudence de M. Sellon avait donc été surprise pour qu'il lui donnât accès chez lui? — Il s'était introduit en se servant du nom d'un de nos parents, qui, lorsqu'on tira les choses au clair, protesta qu'il ignorait parfaitement M. de Fontpeydrouze. Mon père, quel que soit le fond sérieux qui lui est naturel, est parfois malicieux, de cette malice qui, tout en s'exerçant, garde un patient sang-froid. Il est bien Genevois sur ce point. Il lui plut de laisser s'enferrer cet impertinent sur le compte duquel il était renseigné. — S'il avait su tout ce qu'il me fut donné d'apprendre! — Il était suffisamment instruit. Il l'attendait alors que ce dupeur serait sa dupe, à l'instant, où les mains toutes chargées de preuves, il dévoilerait le jeu de ce fourbe, qui se pensait plus avisé qu'il n'était, et qui en restait pour la peine qu'il s'était donnée, de feindre l'homme de grandes manières. J'eusse voulu que vous pussiez assister à la scène où il fut congédié. Quelle que fût son habituelle assurance, il tombait de son haut, et il était fort décontenancé.

— Mais qu'il ait osé lever les yeux vers vous!... J'avais peine à dissimuler la colère que m'inspirait son audace, tout rassuré que je fusse par le dédain avec lequel le traîtait Mlle Angélique. Elle ajouta qu'il était parti en disant qu'il n'était point d'un caractère à accepter un affront, et qu'on le verrait bien.

— Oh ! fis-je avec un emportement dont j'eus quelque confusion, on saurait lui répondre !

Mlle Angélique détourna l'entretien, en déclarant que c'était assez parler de ce personnage, qu'elle ne m'eût point conté cette aventure si elle avait pensé que je n'en dusse pas rire avec elle, et que c'était, en effet, le seul parti à prendre.

— Revenons, dit-elle. Je veux avoir terminé tous ces comptes ce soir, et la tâche est assez lourde.

C'était, me semblait-il, une invitation à prendre congé d'elle. Mais mes traits exprimèrent vraisemblablement le regret que j'éprouvais de me retirer. Dans le temps que j'allais franchir la porte, elle me retint.

— Vous entendez-vous à calculer? Je pourrais souhaiter votre aide.

J'avais été sur le point de protester que la science des chiffres m'était fort peu familière, mais il y avait tant de grâce dans cette invitation à demeurer, et Mlle Angélique permet qu'une si aimable liberté se joigne au respect qu'on ne peut pas ne pas professer pour elle, elle répand autour d'elle un tel air de confiance et de sécurité, que j'eus la tentation d'une vanterie et de me déclarer fort propre à ce travail. Elle est de celles, cependant, qui imposent la sincérité, et ma bonne foi l'emporta quand je lui dis que je n'avais que le désir de me mettre à ses ordres.

— Hé bien, fit-elle, essayons.

Elle me convia à m'asseoir devant une table voisine de la sienne, et je reçus de ses mains des papiers dont l'arithmétique qu'ils exigeaient me troubla fort.

— Mais, dis-je, n'y a-t-il point d'indiscrétion de ma part à pénétrer dans les affaires que traite M. Sellon?

— Serait-ce déjà une défaite? répondit-elle avec une bonne humeur charmante. Rassurez-vous, ce ne sont là que des éléments de comptes qui ne sauraient avoir pour vous de signification.

Je m'aventurai dans des additions redoutables pour moi, tandis que, avec aisance, elle se plongeait dans son travail, se reportant parfois à des registres tout hérissés de colonnes de chiffres. Je suais sang et eau, ayant fort perdu l'habitude d'une telle occupation, et j'étais sur le point de me décourager, en avouant mon inexpérience. Mais elle jetait parfois vers moi, en souriant, un coup d'œil, qui exprimait à la fois de l'amusement de mes efforts et de la bonté, et je recommençais à m'appliquer à ma tâche. Vous dirais-je, Monsieur, que, toute rebutante qu'elle fût, je prenais quelque plaisir à me sentir ainsi surveillé. Je m'évertuais à ces calculs, et, sous ces engageants regards, il me venait quelque amour-propre de ne pas commettre d'erreurs. Par scrupule, je dépensais plus de temps qu'il n'en eût fallu, même à quelqu'un qui fût aussi peu exercé que je l'étais. La fatigue se trahissait sur mon visage.

— Je vous accorde de souffler un peu, dit

Mlle Angélique. Je concède que l'épreuve est un peu rude pour vous.

Je protestai, par je ne sais quel enfantillage, que la besogne me paraissait facile.

— Voyons, reprit-elle, de quelle façon vous vous êtes tiré d'affaire.

Elle s'empara de mon brouillon, sur lequel il y avait bien des râtures et vérifia rapidement ces totaux qui m'avaient donné tant de peines. Ainsi penchée, avec cette attention qu'elle apportait dans cette révision, la plume dans la main, elle me parut ravissante. Il est des actes simples, et sans nulle coquetterie, qui résument tout l'attrait d'une personne.

— Cela est bien, dit-elle, et je suis contente de vous. Je n'ai relevé qu'une légère faute.

Et elle ajouta, toujours en souriant, que pour le chercheur d'aventures que j'étais, j'avais de bonnes dispositions au travail de cabinet, et que, peut-être, je ne me connaissais point moi-même.

Je répondis que l'honneur de lui pouvoir être utile avait seul déterminé mon zèle, mais que j'étais loin de renoncer à l'espoir de conquérir son estime en donnant à mes ambitions un vaste champ.

— Convenez, dit-elle en hochant la tête (mais elle sait donner du charme à une sorte de raillerie) que cette époque ne se prête point facilement aux coups d'éclat.

— Il se peut que le sort ne m'ait pas encore favorisé, mais je n'en suis que plus décidé à saisir l'occasion qu'il me pourra offrir. Vous le verrez, Mademoiselle.

— Nous verrons donc ! fit-elle gaiement. Quoi qu'il en soit, vous avez bien gagné quelque repos.

Elle sonna, s'inquiéta de son père, on lui dit

qu'il dormait paisiblement, et elle fit servir quelques rafraîchissements.

Dans cet instant, je me reprochai quelque mollesse, mais je ne pouvais point ne pas goûter le calme de cette petite salle où nous nous trouvions, le bien-être tranquille qu'elle respirait, avec ses hautes fenêtres donnant sur un jardin, sa décoration d'un goût sobre, mais où tout flatte les yeux, la commodité loin de tout bruit. J'eusse sans doute moins apprécié ce calme, au demeurant, sans la présence de Mlle Angélique et sans la conversation enjouée, pleine cependant de réflexions judicieuses, qu'elle voulait bien tenir avec moi. Sans les bienséances, je me fusse attardé volontiers en cet entretien. En prenant congé d'elle, je lui dis ma confusion de ne lui avoir pas prêté, puisqu'elle avait la bonté de m'employer, une assistance plus efficace. Elle me répondit que cela était fort bien pour un essai, et qu'elle ne manquerait pas d'instruire M. Sellon de ma bonne volonté et même, ajouta-t-elle avec ce mélange, qui lui appartient en propre de nargue gracieuse et d'indulgence, des talents que je ne soupçonnais point.

Je sortis encore sous le charme. Mais je me reprends, Monsieur, et il s'agit bien, pour moi, de m'endormir dans cette placidité. J'ai d'autres buts. Je vous dirai pourtant une particularité qui atteste ce que peut une contention d'esprit dans le désir de ne point paraître tout à fait sot aux yeux d'une belle personne. Je trouvai, en rentrant, la note de mon logeur. J'en voulus contrôler l'exactitude, et, bien qu'il n'y eût à s'assurer que de chiffres modestes, alors que j'en maniais, tout à l'heure, qui étaient faits pour m'effrayer, je ne pus parvenir à une juste solution.

XX

LA TRAGI-COMÉDIE ESPAGÑOLE

Ce 5 de Mai 1772.

Supposiez-vous, Monsieur, que je vous écri-
rais d'Espagne? Je ne songeais guère à ce voyage,
qui, à la vérité, n'est point très facile, et on ne
traverse pas les Pyrénées, par des routes qui
sont affreuses, sans être terriblement cahoté en
des voitures primitives, qu'il vaut mieux, souvent, abandonner. Je vous fais grâce de la description des relais et des auberges qui sont fort
malpropres. M. Sellon, qui fut content de la
façon dont j'avais rempli, à Genève, la mission
qu'il me confia, me demanda, avec sa coutumière bonté, s'il me déplairait d'aller porter à
Burgos des lettres de lui, qui valaient de l'or, et
des instructions orales, qu'il n'était point nécessaire que je comprisse si je les répétais exactement, à un banquier de cette ville.

— Soyez assuré, me dit M. Sellon, que je ne
vous charge point d'un message compromettant,
mais il faudrait un peu de temps pour faire
votre éducation en matière d'affaires de finance.
Encore, ajouta-t-il en riant, ma fille m'a-t-elle

instruit de vos excellentes dispositions à ce sujet.

Je protestai, en riant, moi aussi, que c'était juger avec bien de la complaisance des aptitudes que je ne me reconnaissais guère, mais je me déclarai prêt à remplir le mandat qui me serait donné.

— Et puis, dit finement Mlle Angélique, peut-être trouverez-vous en ce pays ces aventures que vous brûlez de rencontrer.

Bien qu'il y eût là beaucoup de liberté de ma part, je me hasardai à parler à M. Sellon de la téméraire démarche qu'avait faite auprès de lui M. de Fontpeydrouze et je lui dis que les circonstances me l'avaient fait connaître comme un homme méprisable.

— Soyez tranquille, me fut-il répondu, je crois démêler assez bien les caractères, et je ne me suis point égaré sur celui-là.

— Mais cet impudent a osé proférer contre vous des menaces, et si j'avais quelque scrupule à m'éloigner, ce serait pour cette raison.

— Rassurez-vous, j'ai congédié M. de Fontpeydrouze de telle façon qu'il ne sera plus tenté de se présenter chez moi.

Je partis donc. Les choses allèrent tant bien que mal pendant la route. On m'avait tant prédit, quand on eut franchi les Pyrénées, que mes compagnons de voyage et moi, nous serions attaqués par des bandits, que j'étais surpris de leur discrétion. Il n'y avait à se plaindre que de l'incommodité de la voiture et d'autres inconvénients qui paraissent inévitables. Cependant, dans le temps que nous traversions le sombre défilé de Pancorbo (c'est bien le lieu le plus rebutant que j'aie vu, avec ses montagnes pierreuses, entre lesquelles se fraye un chemin étroit que rendent obscur les terribles rocs qui le surplombent), la prédiction se réalisa. Quelques coquins, fort pittoresquement accoutrés, au demeurant, prétendirent, après nous avoir salués assez poliment, prélever sur nous un impôt. Les femmes s'effrayaient, poussaient des cris, et des voyageurs, d'humeur fort pacifique, tiraient déjà leur bourse, avec résignation. Mais je m'avisai qu'il fallait tâter ces gens, pour voir jusqu'à quel point irait leur bravoure. Je tirai mon épée, d'un air décidé ; il y avait parmi nous un officier espagnol, qui fit de même, en prêtant un pistolet à un négociant, moins timide que les autres. Notre détermination mit en fuite ces drôles, qui n'étaient pas bien redoutables et ne tenaient pas à risquer leur vie. Il est assez vraisemblable que le voiturier était de connivence avec eux et avait accoutumé de partager leur butin, supposé qu'il n'y eût pas de résistance. Il fut de fort méchante humeur jusqu'au relais et pensa, par dépit, nous verser dans un fossé.

Enfin, le lendemain, nous aperçûmes les cloches à flèches dentelées de la cathédrale de Burgos, et l'on nous déposa sur une grande place dallée, ornée de statues, qu'on appelle l'Espolon. Je me mis en quête d'une hôtellerie et pris dans mon porte-manteau des vêtements me permettant de me présenter décemment chez la personne que j'allais voir. Don Alonso Bermudez est un homme d'aspect morose, qui m'écouta sans que rien dans sa physionomie parût changer, encore que je lui apportasse de bonnes nouvelles. Il me fit assez froidement des offres de service qui me parurent n'être qu'une formule en ce pays-là. J'appris plus tard qu'il avait été blessé que je les déclinasse. Il m'annonça qu'il me donnerait sa réponse. pour

M. Sellon dans quatre ou cinq jours. Burgos me parut une ville d'assez grande étendue, bien qu'elle soit emprisonnée dans ses bastions. Les couvents, qui sont nombreux, semblent avoir été fortifiés. Les rues étroites ont un air de mystère avec les balcons fermés des maisons, revêtues de couleurs différentes. Beaucoup d'entre elles portent des armoiries sur leur fronton.

Ne connaissant personne que ce banquier, qui ne me paraissait point d'un commerce très engageant, je ne savais comment occuper mon temps. Pendant le voyage, je m'étais attaché à apprendre quelques mots d'espagnol, mais ils ne pouvaient me mener bien loin. Vous verrez, Monsieur, que, par malheur, cette élémentaire instruction dans la langue castillane me suffit pour comprendre une vieille femme qui m'avait abordé. Cette rencontre fut la cause de singuliers événements.

J'errais, un soir, au hasard, et je me trouvais dans une rue qui formait de tels dédales que j'avais peine à m'orienter. Je cherchai un point de repère dans une maison, plus haute que les autres, et dont le portail était orné de sculptures en assez mauvais état, car j'étais passé devant ce logis. Je m'étais arrêté, souhaitant une issue de ce labyrinthe qui me conduisît sur une place. Les nuits sont fraîches à Burgos, où le froid est l'ordinaire, et je m'étais enveloppé dans mon manteau. C'est alors que cette vieille s'approcha de moi.

— Votre Seigneurie, me dit-elle, est attendue ; qu'elle veuille bien me suivre.

J'eus, Monsieur, bien de la naïveté. Mais j'avais la tête farcie d'histoires espagnoles, où des duègnes jouent un rôle, se prêtant à d'amoureuses missions. Je fus assurément surpris, mais ma vanité m'égara. J'avais été, dans la journée, à la promenade, et je me figurai que j'eusse été remarqué, pour ma bonne mine, et peut-être pour ma qualité d'étranger, par quelque belle personne qui avait le caprice d'apprendre qui j'étais et de s'entretenir avec moi. J'ai lu bien des romans qui ont ce début. La curiosité me poussa à accepter l'offre de la vieille. Peut-être, après tout, ne s'agissait-il que de quelque entremetteuse, et ce fut la réflexion qui me fut bientôt inspirée par plus de modestie. Mais, à la vérité, j'étais, après une assez longue réserve obligée, fort en disposition de faire l'amour, même avec une fille, pourvu qu'elle fût suffisamment avenante.

La vieille me fit passer par une petite cour intérieure, puis monter un escalier. Je me trouvai dans une petite pièce assez obscure. J'attendis, penchant, décidément pour une très vulgaire aventure. Jugez de mon étonnement quand une porte s'ouvrit soudain et que je me sentis poussé dans une grande salle, ornée d'armoiries, et fort bien éclairée. Mais ce n'était pas une femme qui avait paru. J'avais en face de moi trois jeunes hommes, qu'accompagnait un majestueux vieillard. Ils avaient à la main des épées nues.

— Traître, dit le vieillard, d'une voix terrible, tu es pris à ton piège. Tu t'es glissé dans cette maison pour y apporter le déshonneur. Ces cavaliers, qui sont mes fils, vengeront l'injure de leur sœur, indignement séduite par toi.

J'entendais assez mal ce discours, qui me laissait stupéfait. Je n'avais assurément aucun péché de ce genre sur la conscience, et je me vis tombé dans un guet-apens.

Les quatre hommes, me croyant à leur merci,

m'abandonnèrent un moment pour tenir conseil dans un coin de la salle. Leur langue ne m'était pas familière et ils parlaient fort vite. Je ne pouvais pas ne pas comprendre, cependant que c'était de mon sort qu'il s'agissait.

La discussion qu'ils avaient entre eux se termina et le vieux gentilhomme s'approcha de moi.

— Tu vas mourir, reprit-il ; mais tu ne mourras point sans avoir réparé l'offense faite à ma Maison. Avant de recevoir le châtiment de ton crime, tu épouseras Doña Serena.

Je tentai de protester que je n'avais séduit personne, mais les mots me venaient très difficilement ou me manquaient pour exprimer que cette Doña Serena m'était parfaitement inconnue. A la fin, mon impatience se traduisit par un haussement d'épaules.

— Pardieu ! dis-je, je vous répondrais de la seule manière qui convient si vous ne m'aviez pas lâchement enlevé mon épée.

Je crois qu'un des frères eut la pensée de me la rendre et de se mesurer avec moi, mais les autres réprimèrent son mouvement, en lui rappelant qu'on m'avait condamné. Une jeune femme se présenta alors ; un prêtre la suivait.

— Marie-les en hâte, dit au prêtre le vieux seigneur et, ajouta-t-il en me montrant, donne l'absolution à celui-ci.

Doña Serena (elle me parut assez belle), étouffa un sanglot de victime impuissante à se défendre, et, soulevant le léger voile qu'elle portait, me contempla. Elle demeura interdite.

— Sur l'honneur, mon père, fit-elle, je ne connais aucunement ce cavalier.

— Ruse facile, s'écrièrent le vieillard et ses

fils. Mais ils durent bien s'aviser que la surprise de Doña Serena n'était point jouée.

De mon côté, appelant à moi tout mon espagnol, le mêlant parfois de français, je soutins qu'il y avait trop peu de temps que j'étais arrivé à Burgos pour me pouvoir flatter d'une telle conquête. Je voulais mettre quelque galanterie dans mes dénégations et dire que je regrettais de n'avoir point à offrir ma vie en échange d'une faute aussi désirable, mais les mots ne rendirent que fort imparfaitement cette idée. Mes juges se sentaient pourtant ébranlés dans leur conviction.

— Soit, dit l'aîné des fils, la vieille qui devait guetter l'intrus, s'est trompée. Mais cet homme n'en doit pas moins mourir, puisqu'il a été mis par hasard en possession d'un secret.

Les quatre justiciers délibérèrent encore. En dernier lieu, ils me firent faire le plus solennel serment de ne rien révéler de ce que j'avais vu. Je jurai avec d'autant plus de facilité que j'ignorais le nom de la famille outragée par un autre, certes, que par moi. On se détermina à me laisser partir.

Tout éberlué de ces étranges circonstances, me demandant si je n'avais point rêvé, j'avais à peine fait quelques pas dans la rue, qu'un homme, les yeux pleins de fureur, courut vers moi.

— Défends-toi, malheureux, s'écria-t-il.

— Encore ! pensai-je. Quelle rue malencontreuse ! Je n'eus que le temps de tirer mon épée, et, tout en parant ses coups, qui étaient des plus vifs, je le priai de me dire pourquoi il me voulait tuer.

— Ne sors-tu pas de la chambre de Doña Serena, ma maîtresse? Ne dois-je pas voir en toi un rival d'autant plus odieux que la trahison était plus inattendue?

— Hé, Monsieur, fis-je, on s'explique, au moins, avant d'essayer de massacrer les gens !

— Oseras-tu nier?

Cependant, il avait remarqué l'honnêteté de mon visage, et son arme s'était abaissée. La nécessité (je n'avais pas le temps de consulter sur ce cas de conscience), me déliait de mon serment. Encore tout chaud d'émotion, je lui contai mon histoire. Vous eussiez vu aussitôt, Monsieur, un homme transporté de joie. Les amants sont ainsi : dès qu'il ne s'agit point de ce qui leur tient au cœur, ce sont les meilleures gens du monde. Il s'excusa fort civilement, se blâma de sa légèreté dans le soupçon, me remercia avec effusion de l'avertissement que je lui donnais, qui l'invitait désormais à la prudence en ses rencontres avec Doña Serena, rendit hommage à ma bonne contenance, l'épée à la main, et, s'apercevant que j'avais une égratignure au poignet, voulut absolument m'enmener chez lui, fut aux plus grands soins pour moi, ne souffrit pas que je rentrasse à mon auberge, me donna son propre lit. Il s'accusa d'avoir douté de sa maîtresse et d'avoir failli mettre à mal l'homme qui, par suite de l'erreur de la perfide duègne, avait été dans le cas de lui sauver la vie. Au demeurant, il entendait faire la paix avec la famille de Doña Serena qu'il souhaitait épouser. C'est ainsi que j'eus, pendant les quelques jours que je passai à Burgos, l'ami le plus empressé à me faire oublier la fureur de son attaque. Mais que n'inspire pas cette frénésie de l'âme qu'on appelle le bonheur d'aimer !

XXI

La femme volante

Ce 27 de Juin 1772.

Ce n'est point, Monsieur, une petite affaire que d'aller à Etampes, par le coche, et j'en sortis fort froissé et fort moulu. Mais un tel spectacle était annoncé que je ne le voulais point manquer. Il y avait, au demeurant, en cette ville, encore qu'elle soit à treize lieues de Paris, une affluence considérable. On y était venu par tous les moyens, fussent-ils les plus singuliers. A côté des carrosses, il y avait depuis la veille, dans toutes les rues, un rassemblement incroyable de voitures dont quelques-unes étaient des plus imprévues, et des curieux avaient bravement fait le voyage en charrette. Je crois que quiconque disposait d'une caisse avec des roues et d'ombres de chevaux s'était transformé en cocher. On avait campé partout, les auberges ayant été assaillies, et on ne voyait que visages fatigués par une nuit passée en plein air, mais anxieux de l'événement qui faisait l'objet de tous les débats. Ce n'était pas sans peine que j'avais pu, en m'y prenant d'avance, m'assurer une place dans une patache auxiliaire qui datait bien d'un siècle, et qui, en route,

par de menus accidents, avait attesté, en effet
sa vieillesse. Plus d'une fois, il avait fallu en
descendre, tandis qu'on la raccommodait tant
bien que mal, et faire à pied une partie du chemin. Mais j'avais un compagnon pour lequel je
professe de l'estime, et qui n'était autre que ce
M. de Rocquemont, dont je vous ai déjà entre-
tenu : l'expérience qui allait être tentée l'avait
arraché à sa solitude volontaire et à sa misanthropie, et je l'avais rencontré dans le temps
que je faisais effort pour m'introduire dans la
voiture. A nous deux, en faisant pression sur
de vivants obstacles, nous étions parvenus, si
incommodément que ce fût, à conquérir l'espace qui n'eût ordinairement suffi qu'à une
seule personne.

Vous vous demandez la cause d'un tel
concours de promeneurs : il s'agissait de constater le bien-fondé de la promesse qu'avait faite
un certain M. Desforges de s'élever et de se diriger dans les airs avec une machine de son
invention, et c'était l'annonce d'un tel prodige
qui justifiait ces frémissements de curiosité. Les
uns, sachant que M. Desforges a particulièrement étudié le vol des hirondelles et a construit
son esquif aérien d'après les observations qu'il
fit de ces oiseaux, soutenaient que, quelle que
fût la hardiesse de son entreprise, il avait des
chances de réussir. Les autres prophétisaient
qu'il se casserait les reins. Il fallait bien, cependant, qu'il eût réuni des partisans de son système puisqu'on avait souscrit les cent mille
livres qu'il avait demandées pour les frais de la
construction, fort compliquée, de cette machine.
M. de Rocquemont qui trompe son oisiveté
forcée en s'occupant de mécanique, s'intéressait fort à l'épreuve, mais, ne connaissant point

les plans de l'inventeur, qui avaient été tenus secrets, il disait prudemment qu'il ne pouvait encore avoir une opinion.

C'était à trois heures de l'après-midi que M. Desforges devait partir de la tour de Quinette, qui est le seul reste du château du roi Robert. Dès le matin, cependant, la foule s'était portée près de la tour : on cherchait à distinguer l'appareil que recouvrait une vaste toile, laissant percer à ses extrémités, de longues plumes. Je ne saurais vous dépeindre l'impatience du public, à mesure que le moment s'approchait, qui devait décider de l'efficacité du moyen, depuis si longtemps cherché pour conquérir le ciel. Supposé que ce moyen fût trouvé, quel avenir s'ouvrait pour l'audace humaine ! Somme toute, il me sembla qu'il y avait, dans cette grande assemblée, que remuait l'espoir d'un miracle, plus de fervents que d'incrédules.

L'heure était venue de l'expérience, et M. Desforges ne paraissait point. Le bruit courut, un instant qu'il renonçait à s'envoler, et ce fut une belle agitation de dépit et de colère : vous eussiez dit une tempête s'élevant soudain. Certains parlaient déjà d'escalader la tour et d'anéantir l'engin, car les déceptions se traduisent volontiers par un besoin de destruction. Mais ce bruit fut démenti : le navigateur des airs, caché derrière la toile, enveloppant encore sa création, prenait seulement de suprêmes précautions. Mais telle était la hâte de tous qu'on ne les voulait point admettre. Au demeurant, le temps était assez favorable, sans qu'il fût précisément beau ; il était doux, un peu voilé, et il n'y avait qu'un vent léger.

Les mouvements de la foule sont subits. Quand, enfin, la toile fut enlevée et qu'on aperçut l'in-

venteur, sur lequel étaient braquées longues-vues
et lorgnettes, ce furent de prodigieuses accla-
mations. A ce moment-là, le seul fait d'avoir vu
l'appareil et l'homme qui s'y allait confier pous-
sait à ne plus douter du succès. Cette machine
était fort singulière : imaginez, Monsieur, une
longue nacelle, toute couverte de plumes, et sur-
montée d'un parasol également en plumes.
M. Desforges y entra : les personnes qui dispo-
saient de verres grossissants disaient qu'il était
fort pâle, mais que son visage exprimait la décision. Quand il fut installé dans la nacelle, deux
de ses assistants lui tendirent deux grandes
rames, toujours en plumes, puis il donna le
signal... Quelle minute ! Ces innombrables curieux, tout à l'heure si bruyants, gardaient un
silence profond. L'esquif fut poussé dans l'espace : on attendait en haletant d'émotion, qu'il
se dirigeât en ligne droite, mais, tant que M. Desforges agita ses rames, il ne se maintint point
horizontalement, même un instant, et il piqua
vers le sol... Des cris d'effroi, d'abord, puis,
quand on sut que l'auteur de cette trompeuse
invention se tirait d'affaire avec quelques contusions, les huées éclatèrent de toutes parts, et ce
fut un tumulte indescriptible. Rien n'est plus
surprenant que cette mobilité du public, qui
passe d'un excès à l'autre. Il n'y avait plus un
mot de pitié pour la malchance de l'inventeur, on
ne lui pardonnait pas d'avoir manqué à son engagement. On avait partagé ses illusions, et, comme
lui, on tombait de haut, bien qu'on n'eût pas à
se frotter les membres endoloris.

Si la police ne l'eût opportunément protégé,
on l'eût, je crois massacré, quitte à regretter,
après, ce parti extrême. Tout à l'heure, il passait
pour un homme admirable : maintenant, on râp-

pelait qu'il avait jadis été chassé d'un séminaire, puis enfermé à la Bastille ; on l'accusait d'avoir usurpé son titre de chanoine, et on le tenait pour un aventurier. Puis, ce furent bientôt des rires, car la gaîté, en France, ne tarde pas à l'emporter sur les autres dispositions, et on plaisanta ce cabriolet volant, qui ne volait point. Tout cela, à ce qu'on peut penser, finira, par une comédie. Certains avaient réussi à arracher des plumes à la nacelle et s'en paraient par dérision. En peu de temps, il y avait eu de l'angoisse, du recueillement, de l'irritation, des menaces et des moqueries.

— Ce sont, me dit M. de Rocquemont, les moqueries qui durent le plus longtemps. L'idée de M. Desforges était chimérique, mais, après tout, il fit preuve de quelque courage en se lançant du haut de la Tour, et le vrai miracle est qu'il ne se soit pas cassé la tête. Il ne gardera pourtant que du ridicule.

On ne sait quel besoin de se détendre fit peu à peu de la ville une ville en fête. Croirez-vous, Monsieur, que peu d'heures après l'accident, il était mis en chanson, sur l'air de *Cahin-caha*.

— L'aventure de M. Desforges me remet en mémoire un joli conte, me dit M. de Rocquemont. Que n'a-t-on pas écrit sur ce rêve de traverser les airs à volonté et d'aller où il plaît d'aller par ce chemin rapide? Vivant seul, je lis volontiers tout ce qui me tombe sous la main. J'avoue que ce conte-là me parut ingénieux dans sa fiction. Qui peut être sûr de tenir le bonheur, n'étant peut-être le bonheur que parce qu'il est fragile? Imaginez un naufragé, unique survivant d'un équipage, jeté sur une île déserte.

Il désespère, d'abord, et, dans l'accablement de ses esprits, il regrette de n'avoir pas partagé le sort des autres. Cependant, peu à peu ranimé il se rattache à la vie. Il trouve des fruits dont il se nourrit ; une grotte lui sert d'abri. Des épaves du navire qui se brisa sur des rochers sont rejetées par la mer, et son industrie les utilise pour apporter quelques adoucissements à sa détresse. Il explore son île, y découvre des ressources de toutes sortes, qui assurent son existence. La nécessité le rend habile à tirer parti de ce qui s'offre à lui. L'huile de poissons lui donne même les moyens de s'éclairer. Il se façonne des instruments, qu'il ne laisse pas que de perfectionner. Après bien des mois de travail, il n'a presque plus besoin de rien. Mais c'est dans le temps qu'il a pourvu à ce qui est matériel, alors qu'il se peut dispenser de continuels efforts, que l'horreur de la solitude à laquelle il est condamné lui apparaît plus cruelle. Le coin de terre où il a échoué, vers lequel la tempête poussa son vaisseau, est hors de toutes les routes que suivent les marins. Il n'est que trop certain que jamais voile n'apparaîtra à l'horizon.

Or, une nuit que, livré à ces tristes méditations, le sommeil le fuit, il entend soudain la chute d'un corps devant sa grotte et un cri de douleur. Sa lampe à la main, il sort et il aperçoit, avec la plus grande surprise, une femme inanimée, qui lui semble habillée d'une étoffe de soie fort mince, soutenue par des baleines. Il porte la main sur le sein de cette inconnue, y constate un reste de chaleur. Il la prend dans ses bras et la dépose avec d'extrêmes ménagements sur les peaux de bêtes qui forment sa couche, il fait chauffer une sorte de vin qu'il a composé avec des plantes, et il en humecte les lèvres de la femme, qui reprend peu à peu ses sens. Notre naufragé s'avise alors que si son habillement est singulier, son visage est charmant. Mais elle ne peut répondre aux questions dont il la presse, et elle ne le comprend pas non plus : ils parlent un langage différent. Ce qui apparaît, c'est qu'elle a été blessée en tombant, et il s'applique à lui donner les soins les plus attentifs, tout en ayant la délicatesse de tenir compte de sa pudeur. Les gestes suppléent aux mots, et la belle personne exprime sa gratitude pour les secours qu'elle a reçus. Ses plaies sont pansées et sa guérison ne demandera que du temps. Pendant ce temps-là, par un effort de bonne volonté mutuelle, on parvient à s'entendre, en mêlant les deux idiomes, mais non point encore assez pour que la femme explique clairement les circonstances de sa chute. Il faudra qu'elle ait fait encore quelques progrès ; elle peut dire seulement qu'elle vient de loin. Vous concevez qu'un homme qui se lamente de son exil du monde doit incliner facilement à éprouver les plus tendres sentiments qui soient pour une aimable créature, que lui envoie la Providence, et qui est seule de son espèce. Admettez aussi que celle-ci soit touchée des égards qui lui sont témoignés. Bref, car je passe sur tout ce qui n'est pas l'essentiel, l'amour naît entre eux.

Le moment est venu, cependant, où l'inconnue peut essayer ses forces, s'appuyant sur le bras de l'amant le plus épris... Elle se sent bientôt assez vaillante pour quitter cet appui... Quelle est la stupeur de son compagnon, quand elle semble d'abord glisser sur la terre, puis s'envole fort haut, décrit quelques cercles dans l'air et revient se poser mollement à l'endroit d'où elle était partie.

Il faut croire qu'elle parle maintenant assez nettement la langue que l'amour lui fit apprendre, car elle peut enfin conter son histoire. Elle appartient à une race qui a la faculté de voler : ce qui avait été pris pour un habillement n'est que l'appareil que donne la nature aux gens de son étrange pays. Elle se divertissait, avec ses sœurs, à parcourir l'espace, quand, en voulant examiner de trop près les particularités du sol sur lequel le hasard d'une promenade l'avait fait planer, elle se heurta au sommet d'un arbre, et tomba fort rudement.

Cette révélation bouleverse l'homme qui, après tant d'épreuves, après n'avoir plus été, par force, qu'une manière de sauvage, a pu, enfin, retrouver le droit d'être sensible. Songez aux tourments qu'il va connaître. Il aime ; il n'est, dans sa situation d'abandonné, qu'une femme tombée, en effet du ciel, à laquelle son cœur se puisse attacher, et d'un coup d'ailes, elle a la facilité de le quitter et de le rejeter dans l'effroi de la solitude ! Son bonheur ne tient qu'à un caprice de cette femme volante, qui ne résistera peut-être pas à son instinct de reprendre ses courses aériennes, de traverser l'espace, d'aller rejoindre ses semblables. Les pieds lourdement rivés à la terre, il la verra disparaître, il ne la suivra même des yeux que peu de temps.... Comment fixer sur cet îlot celle qui est toute liberté? Ses joies ne seront plus mêlées que d'inquiétudes, et, dans les transports mêmes de la passion, il y aura toujours de la crainte... Il n'est pas rassurant d'être l'époux ou l'amant d'une femme volante ! Ce conte m'a plu, ajouta M. de Rocquemont ; il a sa philosophie. Je crois bien, pour en revenir au sieur Desforges, qu'en fait de voyage dans les airs, il faudra en rester aux contes, et que la prétention de parcourir le ciel à sa guise et de voir de haut comme des Lilliputiens de M. Swift, les humbles mortels que nous sommes n'est que pure utopie.

XXII

Le ton de Paris

Ce 2 d'Août 1772.

J'étais hier soir, Monsieur, en dispositions assez moroses. Je réfléchissais et l'écart me paraissait bien grand entre mes ambitions, mon désir de belles aventures et la vérité des choses. Je ne suis point avancé dans l'accomplissement de mes desseins. Je songeais non sans dépit, que je n'ai guère justifié mon dédain de la protection que me voulut bien offrir M. Sellon. La dernière fois que je lui fis visite, car j'ai de l'attachement pour cet homme excellent, il me sembla qu'il y avait sur les traits de Mlle Angélique je ne sais quel petit air ironique, quand elle me demanda si j'étais sur la voie de la gloire. Il me fut sensible de démêler cette moquerie, de quelque grâce qu'elle fût encore enveloppée, chez cette charmante fille, qui me fait l'honneur de me témoigner de l'intérêt. Il n'était pas, à ce moment, d'entreprise périlleuse dans laquelle je ne me fusse jeté pour lui donner de moi l'idée que je voudrais qu'elle eût. Mais on ne trouve pas à volonté l'occasion d'un exploit.

J'étais arrivé, en promenant au hasard mes rêveries, au quai de l'Ecole. J'entrai, pour tenter de dissiper ma mélancolie, au café du Parnasse. La chance me servait à souhait, pour me distraire de mes pensées, car je rencontrai M. Robbé, qui nous divertit tant par la lecture d'un croustillant poème. M. Robbé tourne tout au plaisant. Il était assis à une table, seul, paraissant rêver, mais cette rêverie ne devait point être grave, car son visage s'éclairait par instants. Je me permis de l'aborder, en m'excusant de le troubler peut-être dans quelque composition.

— Point du tout, me répondit-il *nescio quid meditans nugarum...* Diderot pleure des contes qu'il se fait ; je ris de ceux que j'imagine. J'ai cette particularité de ne pouvoir pas m'ennuyer.

Il me dit complaisamment qu'il n'en était pas moins fort aise de me voir. Nous causâmes, et il faut convenir qu'il a un talent merveilleux pour chasser les humeurs noires. Il n'y avait que quelques minutes que je fusse en sa compagnie, et sa bonne humeur me gagnait. Je lui fis part, néanmoins, de ma déception de ne point parvenir à briller.

— Il faut voir du monde, fit-il, et se mettre au ton de Paris. Hé bien, allons ce soir au Colisée, où nous y trouverons une société nombreuse, bien qu'elle ait toujours l'air d'être perdue, dans ce grand diable de bâtiment à qui on eut l'idée singulière de vouloir faire rappeler les monuments de la Rome antique, mais il s'en faut de beaucoup qu'il en donne l'impression, et l'empereur Vespasien, n'eût jamais songé aux treillages peints de l'extérieur de l'édifice. Les jeux romains étaient aussi tout autres que ceux qui sont offerts aux gens de Paris. Mais on ne vient pas là pour un spectacle, qui est médiocre ; on y vient, les uns pour s'y faire voir, et les autres pour voir ceux-ci.

Un fiacre nous conduisit aux Champs-Elysées ; le Colisée est, en effet, bien au delà de la place Louis XV. En chemin, M. Robbé me dit qu'il se plaisait davantage au Vaux-Hall de Torré, de moins vastes proportions, mais on avait trouvé un moyen péremptoire de supprimer sa rivalité avec ce nouvel établissement ; on l'avait fermé par ordre. Il me conta (puisqu'on ne pouvait nous entendre), que si M. le duc de la Vrillière avait usé de tout son crédit pour imposer cette fermeture, c'est que sa maîtresse était intéressée dans les affaires du Colisée, qui a demandé l'engagement de dépenses considérables.

— L'exemple vient de haut, me dit-il, en baissant instinctivement la voix, bien que nous fussions seuls ; ce sont les femmes qui gouvernent.

Cette manière de théâtre me parut immense, avec je ne sais quelle froideur, malgré sa décoration. Il y a quantité de statues dorées, mais elles sont trop grandes ; elles ornent moins qu'elles n'écrasent. Nous entrâmes dans une vaste cour, suivie d'un vestibule également fort vaste, d'où partaient des galeries circulaires. Je voulus payer mon entrée.

— Laissez donc, fit M. Robbé, en prévenant mon geste, c'est une bagatelle, il n'en coûte qu'une livre deux sols.

Il m'introduisit dans une de ces galeries qui nous mena dans la rotonde, de dimensions excessives, à mon sens, avec ses colonnes presque menaçantes, tant elles sont hautes. C'est la salle de bal, c'est là qu'on revient, après s'être aventuré dans d'autres salles, s'être arrêté dans des cafés qui y attiennent et avoir jeté un coup d'œil, qu'il n'est point de bon ton de prolonger, sur le cirque, où il y a une pièce d'eau pour donner des joutes et qu'on utilise pour des divertissements terminés par des feux d'artifice. Le programme portait qu'on verrait le couronnement de l'Empereur de la Chine, et sur cette pièce d'eau, on lançait déjà quelques petits bateaux en forme de jonques.

— Cela, me dit M. Robbé, est pour les badauds. Retournons dans la rotonde.

On était censé y danser, mais on s'y promenait surtout. Le beau monde arrivait peu à peu. M. Robbé me nomma quelques impures, autour desquelles on s'empressait, et qui faisaient assaut de luxe. Je crois, à la vérité, qu'il connaît tout le monde et a sur chacun une histoire. Je remarquai, une personne qui me parut fort séduisante, bien qu'il y eût quelque affectation dans sa coquetterie.

— Vous tombez à merveille me dit, mon compagnon, elle sort de Sainte-Pélagie, qui est un couvent où l'on n'entre point par vocation religieuse. Aussi alla-t-elle un peu loin dans l'imprudence en narguant M. Chaillon de Jonville, un maître des requêtes qui l'entretenait. Celui-ci la surprit dans le temps qu'elle était dans les bras d'un petit officier ; elle trouva fort importune la venue de son protecteur, qui la dérangeait dans ses brûlantes occupations, et elle ne trouva rien de mieux que de l'enfermer par surprise dans un cabinet vitré où il put être témoin d'une scène pour laquelle on n'en prend point ordinairement. Le maître des requêtes contraint d'assister à des ébats qui le mortifiaient fort, persiflé, en outre, quand il fut délivré, rendit plainte, et, puisqu'il avait été prisonnier un moment dans d'insolites conditions, voulut que l'effrontée infidèle tâtât aussi de la

prison. Vous la voyez fort entourée. Ce n'est
pas d'elle que l'on a ri, et cette aventure ne
nuira point à sa fortune.

Un homme de tournure assez épaisse s'approcha d'elle, dans le moment.

— Pardieu, dit M. Robbé, il est des gens qui
semblent souhaiter d'être dupés. C'est un gentilhomme polonais, M. de Matowski. On le disait
assez bien argenté, mais au train qu'il mène, il
sera bientôt sur la paille. Il se piqua d'avoir
Mlle Duthé, qui tient le haut du pavé ; encore
eut-il la prétention (jugez s'il a une tournure de
greluchon) de lui inspirer un sentiment. Je ne
vois en elle qu'une blonde fadasse, une figure
moutonnière, mais elle est en vogue, M. de Matowski choisissait bien son heure ! Bien qu'elle
soit habituellement de froide raison, Mlle Duthé
s'était amourachée d'un marquis, en passe d'être
ruiné, mais qui tenait fort à elle. M. de Matowski,
dans sa fatuité, ne doutait point de son pouvoir
de séduction : il ne s'étonna pas de voir ses hommages acceptés. Rendez-vous fut pris pour une
nuit. Dans le temps qu'il se flattait d'être heureux, le marquis apparut soudain, témoigna de
la plus grande colère, tira son épée et menaça à
ce point M. de Matowski, que celui-ci se dut
enfuir, dans la Chaussée-d'Antin, en chemise.
Or, le survenant était de concert avec Mlle Duthé ; c'était un tour de leur façon pour que M. de
Matowski fût engagé d'honneur à réparer le
dommage qu'il était censé avoir causé à cette
sirène, en lui faisant perdre les prétendues libéralités de l'amant qu'elle affichait.

Le Polonais se piqua de jeu, en effet, se subs-
titua au marquis, fut saigné aux quatre veines,
et, pendant que les deux complices se riaient de
lui, s'enorgueillissait béatement d'avoir triomphé

de la jalousie de son rival. Quoi qu'il soit assez lourd d'esprit, je crois qu'il eut vent, à la fin, de la comédie jouée à son détriment, mais soyez assuré, si coûteuse qu'ait été pour lui la leçon, qu'il est tout prêt à tomber dans un autre panneau.

Je demandai qu'il me désignât cette Mlle Duthé, que j'avais déjà entendu nommer. Mais M. Robbé me répondit qu'elle n'était pas là ce soir.

— Je puis du moins vous montrer Mlle Quincy, qui fut sa femme de chambre, et par là à bonne école. Au demeurant, je la trouve plus piquante qu'elle, et vous voyez qu'elle est en chemin de réussir. Elle aura, elle aussi, son hôtel et son salon, car c'est maintenant chez les courtisanes qu'on vient tenir bureau d'esprit : il n'y a qu'elles qui s'abstiennent d'être spirituelles.

Nous nous assîmes pour regarder ce défilé. M. Robbé était intarissable, et je ne me fais point fort de vous rapporter tous les traits qu'il décocha sur ceux qui passaient.

— Considérez, me dit-il, cet homme d'une parfaite laideur qui se donne l'audace de papillonner, mais à la façon de quelque gros insecte répugnant, parodiant une légère bestiole. Il est fort riche, ce qui ne l'empêche pas d'être avare et de me payer qu'au plus juste prix les faveurs qu'il réclame, encore qu'il ait les goûts les plus pervers et qu'on raconte sur lui des choses horribles. C'est M. Peixotto, un banquier de Bordeaux, où il est moins souvent qu'à Paris, qui offre plus de ressources à sa dépravation. Puis, à Bordeaux, une certaine aventure a fait faire de lui des gorges chaudes. Je vous la conterai. M. Peixotto allait un jour à ses affaires en une chaise à porteurs, quand il aperçut, dans la rue, une toute jeune béguine. Il s'enflamma aussitôt pour elle. Il fit arrêter sa chaise et commanda à ses porteurs de la suivre et de découvrir son couvent.

On lui vint dire qu'elle appartenait aux Sœurs grises et se nommait sœur Rose. M. Peixotto eut recours à une appareilleuse et déclara qu'il entendait coucher avec sœur Rose. Son désir était tel que, malgré sa juiverie naturelle, il se déclarait prêt aux plus grands sacrifices. L'appareilleuse demanda seulement le temps de s'édifier. Elle ne tarda pas à porter la réponse. La chose était possible, mais serait coûteuse, en raison des difficultés qu'elle présentait. Tant de précautions s'imposaient ! La béguine était vertueuse, toute novice des choses de l'amour. Pour la décider, pour assurer la sûreté d'un tendre commerce avec elle, il ne faudrait pas débourser moins de cinq cents louis. M. Peixotto se récria : quelle que fût la passion qu'il éprouvait, la somme lui paraissait bien forte. Il marchanda, mais n'obtint point de rabais.

L'appareilleuse était une fine mouche. Elle n'avait point fait le siège du couvent. Elle avait aussitôt songé à une fille de son entourage qui, bien stylée et habilement travestie, jouerait à merveille le rôle de sœur Rose, avec laquelle, d'après la description faite par le banquier, elle pouvait avoir quelque ressemblance. Cette fille remplit fort bien son personnage, simulant la pudeur alarmée, s'effrayant du péché qu'elle allait commettre, se refusant alors qu'elle était sur le point de céder : ces manigances ne faisaient qu'aiguillonner M. Peixotto. Le mystère de ces entrevues le ravissait, mais l'ingénue, en le faisant languir, exposait les dangers qu'elle courait et peu à peu, par sa résistance, augmentait le prix de sa défaite. Supposé qu'elle fût convaincue d'un si grand manquement à ses devoirs, elle serait chassée du couvent.

Ce ne serait pas trop de mille louis pour qu'elle se pût établir. La passion ne mettait plus ce vorace d'amour dans le cas de rien refuser. Enfin, il goûta furieusement les joies auxquelles il avait prétendu. Mais la déception ne tarda guère, car il lui fut impossible de méconnaître les suites fâcheuses de cet entraînement. La béguine avait insinué dans ses veines un poison qu'elle portait. Cette découverte l'atterra. C'était avoir payé bien cher des prémices qui n'en étaient point.

Un autre que lui n'eût pensé qu'à se taire, mais ce ne fut point le parti qu'il prit. La colère et l'avarice le déterminèrent à la démarche la plus singulière. Il alla trouver la supérieure du couvent des sœurs grises et se plaignit à elle, de la façon la plus grossière, en lui disant que sœur Rose était une exécrable coquine et qu'il saurait dévoiler les infamies de cette maison qui, sous les dehors de la piété, était un repaire de prostituées ; que, le mal étant fait, il entendait au moins rentrer dans l'argent qu'il avait dépensé. La supérieure avait du sang-froid : elle congédia cet enragé : elle voulut savoir le mot de l'énigme. Elle fit examiner, sœur Rose, la véritable sœur Rose, par un chirurgien, et cet examen fut tout à l'honneur de la religieuse, déclarée parfaitement neuve. Elle s'en fut alors trouver un commissaire, qui s'avisa qu'il y avait eu substitution. Il fit diligence dans son enquête, retrouva la rusée matrone qui avait combiné cette duperie, la fit emprisonner et porta l'affaire devant la justice. M. Peixotto fut condamné à faire amende honorable au couvent, et, pour la calomnie dont il s'était rendu coupable, à des dommages-intérêts considérables. Il fut la risée de Bordeaux, et c'est pourquoi il se plaît peu maintenant dans cette ville, où l'on ne se fait pas faute de clabauder sur lui. On raconte encore bien autre chose qui atteste la bizarrerie de ses vices. C'est ainsi que...

Il s'interrompit pour saluer un jeune officier auquel il voulut bien me présenter, et qu'il nomma M. Choderlos de Laclos, en ajoutant que les Lettres pouvaient faire fond sur lui.

— Hé bien, lui demanda-t-il, venez-vous chercher ici quelque bonne fortune?

— Hélas, répondit M. de Laclos, mon congé de semestre est fort entamé déjà, et il me faudra retourner à Grenoble, mais je mets à profit le temps que je passe à Paris : je vois les mœurs de mon siècle ; elles m'inspireront peut-être un livre.

— Savez-vous qu'on vous trouve bien téméraire ? — Moi ? — On se dispute les copies de votre *Epître à Margot*. — Une bagatelle. — Mais elle a inquiété en haut lieu :

A ses discours fastidieux,
Succède un stupide silence,
Mais Margot a de si beaux yeux
Qu'un seul de ses regards vaut mieux
Que fortune, esprit et naissance.

— Franchement, ajouta M. Robbé, en écrivant ces petits vers, pensâtes-vous à la personne à laquelle le public les a spontanément appliqués ?

— Chut !

— Je tiens de bonne source que Mme du

Barry s'en offensa. Ils font du bruit, trop de bruit pour votre bien, peut-être, et ce serait pour vous un sage parti que de regagner votre garnison, et de vous faire oublier.

— Je vous remercie de cet avis, dit assez froidement M. de Laclos. Je réfléchirai à l'usage que j'en ferai.

M. Robbé est un homme dont l'esprit est si curieusement bâti que je me demandai si le conseil qu'il donnait était inspiré par une sincère amitié, ou (tout plaisant qu'il soit, il a les travers des gens de lettres) si quelque secrète jalousie ne l'incitait pas à éloigner un futur rival, dont il reconnaissait les talents.

Ce furent d'autres rencontres et chaque fois, M. Robbé avait un mot piquant. Nous nous assîmes de nouveau, et il se plut à dessiner le portrait de ceux qui passaient devant nous.

— Regardez ce petit homme-là, me dit-il. Il offre un parfait exemple de l'art de se pousser dans le monde. C'est un conseiller au Parlement, M. de Roye. On ne l'imagine point confiné dans son cabinet et se piquant de la gravité d'un magistrat. Il est vif comme la poudre et il est fort insinuant. Il n'est point jusqu'à l'exiguïté de sa taille qu'il n'ait tournée à son avantage. Elle lui permit de se glisser partout, d'être accepté sans conséquence, de se faufiler dans toutes les sociétés, et, y étant entré, d'y demeurer. Il n'a point de naissance et n'avait pas de fortune. Il trouva cependant des protecteurs et des appuis. Il les dut à son habileté à divertir les gens, et j'admire comment, parti de sa province avec le plus mince bagage, il arriva à faire sa trouée et à occuper (et avec quelles subtiles précautions, pour ne porter ombrage à personne), un office auquel il ne semblait point destiné. Il eut le secret de se trouver toujours au moment même où il pouvait rendre un léger service, dont on lui devait savoir gré. M. de Roye fut quelque temps dans les bonnes grâces d'une marquise assez mûre, qui ne pouvait plus se passer de lui, mais elle mourut avant d'avoir fait le testament qu'il l'amenait à faire peu à peu en sa faveur, et ce fut une des rares fois qu'il fut pris en faute : encore un accident avait-il déjoué ses projets bien conçus. Il n'était pas homme à demeurer longtemps au dépourvu. L'ambition lui vint d'un bon mariage assurant son avenir. Il jeta son dévolu sur la famille d'un traitant enrichi, qui avait une fille fort avenante. Il lui fut aisé de se faire chérir par le père, dont il flatta la vanité, par la mère, qu'il accabla de compliments et même par la fille qu'il amusa. Et tout allait le mieux du monde quand apparut, arrivant de sa garnison lointaine, un grand diable d'officier brutal, M. La Rivière, qui, ayant eu vent de ce projet d'union, venait mettre le holà.

On n'avait oublié qu'une chose : c'est que, en des temps moins prospères, la fillette lui avait été promise, dès l'enfance. M. La Rivière, qui vivait tranquille avec son bon billet, n'avait pas laissé que de ressentir soudain la plus épouvantable fureur. Il entendait faire valoir ses droits, comme si on en a sur le cœur d'une femme, autres que ceux qu'on a vraiment acquis en lui plaisant.

Oui, certes, il y avait eu conventions, lettres, voire arrangements de dot, mais c'était le passé, et les dispositions nouvelles agréaient infiniment mieux à chacun, sauf à l'officier, naturellement. L'invasion du jaloux ne pouvait point, cependant, ne pas troubler la famille, qui redoutait ses violences. Éviter M. La Rivière, il n'y fallait pas penser ; si on lui eût fermé la porte, il fût entré par la fenêtre ; cet homme-là était de la dernière obstination. On tâcha de l'amadouer, mais ce fut peine perdue. Seul, le petit M. de Roye semblait parfaitement tranquille. Il avait son idée : il a toujours des idées ; il en a pour toutes les circonstances. Le choc entre M. La Rivière et le conseiller était inévitable ; il ne tarda pas à se produire. Le grand officier, qui avait fini par comprendre qu'on se jouait de lui, aborda M. de Roye, lui déclarant qu'il fallait cesser ses assiduités auprès de la demoiselle, ou se battre.

— Monsieur, dit M. de Roye, en se haussant sur la pointe des pieds, rien ne saurait m'intimider ; j'accepte le défi.

La Rivière sourit dédaigneusement. A la vérité, il lui paraissait trop commode, à lui, homme d'épée, d'avoir raison de ce dérisoire adversaire, et il fallut toute sa rancune pour qu'il dissimulât un sourire de pitié.

— A demain donc, Monsieur, dit-il.

— Non point, répliqua le bouillant de Roye, tout de suite.

— Soit, mais je vous tiens déjà pour un homme mort.

On se rencontra dans un endroit propice, au fond des Champs-Elysées. Il se trouvait là une place nette, faite à souhait pour n'y être point dérangé. M. de Roye avait amené un ami comme témoin. M. La Rivière avant d'entrer dans les taillis, avait prié un passant de l'assister. Les épées s'engagèrent. La Rivière n'eut pas plus tôt étendu le bras que M. de Roye poussa un cri et tomba à la renverse.

— C'en est fait de moi... gémit-il... aïe, aïe !

Que j'ai mal ! Je suis percé de part en part.
Qu'on aille vite quérir un confesseur !

Ces plaintes attirèrent quelques personnes. La
Rivière demeurait immobile, comme frappé de
stupeur, et, en effet, il n'avait point conscience
d'avoir senti grande résistance à son fer. Mais
on commençait à s'attrouper et le cas lui paraissait tout à coup des plus graves. N'avait-il pas
manifestement abusé de sa force contre ce ché-
tif? Et le fait même de s'être attaqué à un conseiller et de l'avoir rayé du nombre des vivants
pouvait le mener loin.

Il perdit la tête, se jugea perdu et estima
qu'il n'avait d'autre parti à prendre que la fuite.
Heureux si, par là, il échappait aux suites de
son équipée. Il sortit le soir même de Paris, en
poste, et s'alla réfugier à Dourdan, chez un
parent, en attendant qu'il pût rejoindre son
régiment, n'ayant plus que le souci de se faire
oublier, outre que le remords le travaillait
d'avoir terriblement mis à mal, dès la première
passe, un homme inexpert au jeu des armes.

Il garda sa retraite pendant un mois, jusqu'à
ce que le hasard amenât dans ses parages une
personne qu'il connaissait.

— Hé bien, lui demanda-t-il, quel bruit cause
à Paris, mon malheureux coup d'épée? Je ne
sais rien et n'osais m'enquérir de rien.

— Quel coup d'épée?

— Mais celui par lequel j'ai eu le malheur de
tuer M. de Roye.

— M. de Roye?... Il s'est marié voici huit
jours, et il est le mieux portant du monde...

Il fallut bien que M. La Rivière comprît qu'il
avait été joué. Aussitôt après son départ, M. de
Roye, qui avait contrefait le mourant, s'était
levé, de fort belle humeur, en riant aux éclats,

n'ayant point la plus petite blessure. Il avait subtilement tout calculé, tout pesé, et n'avait point trouvé de meilleur moyen de se débarrasser du gêneur, que de feindre de le pousser à bout, de lui donner la réplique sur un ton de bravache et de pousser la comédie, jusqu'au point où il la voulait mener... Une fois de plus, la ruse avait triomphé de la force.

Je ne pus me garder de plaindre, en dépit des moqueries de M. Robbé, ce M. La Rivière.

— Parbleu, Monsieur, dis-je, n'avez-vous point quelque dégoût, à force d'être instruit de tant de vilenies?

— Que voulez-vous, mon enfant, il faut vivre avec son temps !

— Il est pourtant d'honnêtes gens.

— Il est vrai, mais ils ne font point de bruit. Il se peut bien, toutefois, qu'ils amassent bien des ressentiments et qu'ils aient leur tour, mais ajouta-t-il avec quelque cynisme, je risquerais trop de perdre à ce changement des mœurs.

Dans le temps que nous nous retirions, j'aperçus, dans une salle voisine de la rotonde, en conversation avec une nymphe fort fardée, ce M. de Fontpeydrouze, pour lequel je ne saurais plus avoir que du mépris, en raison de tout ce que je sais de lui. Il me vit et ne se souvenant plus, ou ne voulant plus se souvenir de notre commencement de querelle, il me fit, de la main, un signe qu'on eût pu prendre pour un témoignage d'une habituelle familiarité. Mais, j'entends ne point paraître de ses amis, et je détournai la tête.

XXIII

I

Ce 13 d'Octobre 1772.

Quelle que soit la sollicitude que vous voulez bien me témoigner, vous souffrirez, Monsieur, que je ne vous fasse passer par l'ordinaire d'aujourd'hui, qu'un simple billet. Je suis jeté dans une grande affaire, où j'entends me conduire d'une façon qui soit digne des leçons d'honneur que vous me donnâtes. Peut-être, enfin, l'occasion me sera-t-elle offerte de me montrer avec les sentiments que je tiens de vous. Sur ce point, ne soyez pas en inquiétude, ne craignez pas que je fasse encore une école, et ayez la bonté de m'accorder quelque crédit.

II

Ce 25 de Novembre 1772.

Il y a plus d'un mois, Monsieur, que j'eus l'honneur de vous écrire. Bien des événements se sont déroulés, qui vous causeront peut-être quelque surprise.

Le jour où je ne pus vous adresser que quelques mots, je vivais dans une manière de fièvre, la tête toute chaude de desseins qui n'étaient point complètement formés, encore que je fusse dans la nécessité d'intervenir sans délai.

A la vérité, Monsieur, j'ai tant de choses à vous conter que je ne sais par où commencer. J'ai tenu cette aventure, dont le désir me possédait, et je pense y avoir figuré d'assez bonne façon. Voici donc un mois que je me trouvais dans le jardin du Luxembourg, du côté qui touche à l'enclos des Chartreux. Sa terrasse a une longueur et une largeur incomparables et ses grands arbres donnent une ombre merveilleuse. Vous direz que j'étais hanté par le fâcheux souvenir de M. de Fontpeydrouze, depuis que j'avais connu son impudente prétention à la main de Mlle Angélique. Il est vrai que j'eus, par je ne sais quel avertissement, l'impression que je l'allais voir paraître. Il se 'montra, en effet. Mon premier mouvement fut d'aller à sa rencontre et sous quelque prétexte, de lui chercher querelle. Mais il semblait attendre quelqu'un, et j'eus la curiosité de l'observer, avant de l'aborder.

Par quelle divination étais-je assuré qu'il méditait quelque mauvais projet? Je me dissimulai, n'ayant que peu d'embonpoint, derrière un gros marronnier. Deux escogriffes, à la mine suspecte (les gardes qui, selon une inscription, ne doivent laisser pénétrer dans ce jardin, que les honnêtes gens, eussent dû marquer plus d'attention à leur physionomie), le rejoignirent.

Ces trois hommes s'étaient rapprochés de moi, et, sans qu'ils se pussent douter qu'ils étaient écoutés, j'entendis une partie de leur conversation.

— Vous êtes-vous assurés de gens déterminés? demanda M. de Fontpeydrouze.

— Nous avons, lui fut-il répondu, trois camarades d'autant plus prêts à tout qu'ils sont dans une grande détresse, et qu'elle ne laisse pas que de leur peser.

— Vous répondez d'eux?

— Comme de nous.

— Je leur donnerai donc mes instructions dans une heure, au cabaret du *Grand Tonneau*, rue des Grès. On y peut causer en tout repos.

Puis M. de Fontpeydrouze s'éloigna.

Je pensai, d'après ces paroles, que j'avais surprises, qu'il s'agissait de quelque coupable action, et, d'instinct, me souvenant de ses menaces à M. Sellon, il se fit, dans mon esprit, un rapprochement. Il y avait lieu de devancer M. de Fontpeydrouze et ses acolytes et je me hâtai vers ce cabaret. Je me débraillai un peu, et je feignis d'avoir une pointe de vin, mais mon attention se portait sur les dispositions de la salle ; une salle, plus petite, y attenait. C'était là assurément, que se réuniraient ces complices. Je m'installai à une table, placée contre la cloison, séparant cette pièce de l'autre. Je m'étais, en effet, avisé que cette cloison paraissait plus épaisse qu'elle n'était, en fait. J'étais seul à cette table, des buveurs jouaient aux cartes dans un coin opposé à celui que j'avais choisi. Je demandai à boire, et, semblant déjà accablé, j'appuyai ma tête dans mes mains, en dissimulant ainsi mon visage. J'attendais. Le cabaretier était entré un moment dans la petite salle, avait pesté contre la négligence du garçon qui le servait et j'avais entendu le juron qu'il avait poussé. Il est vrai qu'il avait élevé la voix.

En examinant de près la cloison, je m'avisai qu'elle avait une légère fente, qui pouvait m'être profitable. J'étais fort neuf en ce métier d'espion, que les circonstances me faisaient pratiquer, mais il importait que je fusse renseigné. J'eus l'idée de cacher mon chapeau sous la table et de me coiffer de celui qu'avait laissé, près de moi, un grossier client. Il est, Monsieur, de singuliers pressentiments. Avant qu'il fût entré, alors que, évidemment, il était encore dans la rue, j'avais eu l'intuition de la venue de M. de Fontpeydrouze. Quand il arriva, je simulai l'abattement de l'ivresse, en m'allongeant jusqu'aux épaules sur le dessus de la table. Le cabaretier, en l'apercevant, lui fit reproche de son peu d'empressement à s'acquitter de dettes déjà anciennes.

— Rassurez-vous, dit M. de Fontpeydrouze, je ne vous donne que quelques jours avant que vous soyez largement payé. J'ai convié quelques amis ; ils sont délicats sur la qualité du vin. Servez-nous du meilleur.

Les prétendus amis survinrent : il fallait que ce cabaret ne fût point en très bonne réputation pour qu'ils y trouvassent accueil.

J'éprouvai d'abord un grand dépit, malgré les précautions que j'avais prises. Je ne percevais qu'un bruit confus de paroles, de telle sorte que, tant que je prêtâsse l'oreille, je n'y pouvais donner un sens. Par bonheur, le vin échauffa les voix. J'entendis mieux, et j'appris des choses horribles, qui me soulevèrent d'indignation. M. de Fontpeydrouze, se pensant en sûreté, développait l'incroyable dessein qu'il avait conçu. M. Sellon l'avait dédaigneusement éconduit (il parla de cet homme excellent de la façon la plus outrageante), hé bien, il ferait voir qu'on pourrait se repentir de ce mépris qu'il avait fait de lui. Mais bientôt, il laissa percer la plus abominable cupidité. Il s'était déterminé, avec l'aide des misérables qu'il avait réunis, à enlever Mlle Angélique. Le scandale serait tel que M. Sellon serait bien contraint à consentir à son mariage avec elle, mariage qui lui assurerait une fortune considérable. De cette fortune, ses associés dans l'entreprise auraient leur part. L'un d'eux objecta qu'il y avait des risques, et qu'il serait bon de préciser les avantages de ceux qui l'aideraient. M. de Fontpeydrouze répondit que cette part serait des plus larges. Un débat, fort répugnant, s'engagea. Quand on fut d'accord, il exposa les moyens auxquels il avait songé. Il était instruit d'une absence de deux jours que devait faire M. Sellon. C'est de cette absence qu'il faudrait profiter.

La maison de M. Sellon, rue Saint-Benoît, a un jardin qui s'étend jusqu'à la petite rue des Anges. Le mur qui borne ce jardin est assez bas. Les jours de cet automne sont magnifiques : il semble que ce soit un renouveau d'été. Mlle Angélique a accoutumé de rester dans ce jardin, pour y prendre le frais, jusqu'à la nuit tombée. Il serait facile d'escalader le mur et de s'emparer d'elle. Si elle appelait au secours, on saurait la faire taire, mais l'exécution de ce plan serait rendue commode par ce fait que la rue des Anges, sur laquelle donnent d'autres jardins, est habituellement déserte. Elle est trop étroite pour qu'un carrosse y puisse pénétrer, mais ce carrosse attendrait à son extrémité. M. de Fontpeydrouze conduirait Mlle Angélique dans une retraite sûre, chez une fille qui était à sa dévotion. C'est de là qu'il mettrait à M. Sellon le marché en main. On discuta encore sur la sûreté de l'opération, sur les rôles qui seraient distribués à chacun, sur le prix des complicités. J'étais stupéfait de l'infamie de ce complot, mais je m'applaudissais d'avoir eu la tentation de suivre ces scélérats ; elle m'avait permis de surprendre l'intrigue qu'ils avaient tramée. L'accomplissement de cet abominable projet fut décidé pour le surlendemain. J'en savais assez, et je me retirai avant que ces conjurés fussent sortis de la salle où ils avaient pensé n'être pas écoutés.

Ma première idée fut d'avertir M. Sellon du danger que courait Mlle Angélique, mais je la repoussai aussitôt. Pourquoi leur eussé-je donné ces inquiétudes, et à quel ridicule je me fusse exposé, au cas ou M. de Fontpeydrouze eût hésité, au moment d'agir, ou n'eût pas été sûr des gens qu'il avait recrutés !

Je me sentis de force à empêcher par moi-même cet attentat, et je me mis à réfléchir. J'aurais quelque fierté, vis-à-vis de moi-même à prévenir ce véritable crime, car il n'était pas dans mon intention de révéler, supposé que tout se passât comme je le voulais, mon utile intervention. J'allais loin déjà dans mes rêveries. Je me voyais auprès de Mlle Angélique, ne doutant point de sa sécurité, alors que je songerais, sans qu'elle se pût rien imaginer, qu'elle me la devrait.

Je pensai, cependant, que l'affaire pouvait être dure, si les gens réunis par M. de Fontpeydrouze avaient quelque détermination, et que, quelque confiance que j'eusse en mon courage, l'assistance d'un homme de cœur ne serait point superflue. Je m'avisai de m'ouvrir à M. de Roc-

quemont, que je tenais pour vaillant et discret.
Je me dirigeai vers le Café Alexandre, où j'étais
certain de le rencontrer. Je le trouvai en effet : il
avait toujours cette rudesse d'aspect, qui cache
sa droiture et ce fond de bonté qui est en lui.
Je lui dis que j'avais besoin de son aide pour
une action à laquelle j'étais résolu, et qui pouvait ne point aller sans péril. Vous l'eussiez vu
aussitôt, Monsieur, me tendre les bras et m'assurer avec une parfaite générosité, qu'il était à
mon service.

— De quoi est-il question? me demanda-t-il.
Me feriez-vous l'honneur de me donner l'occasion de tirer de son fourreau ma vieille épée,
qui s'y rouille?

— Peut-être.

— Je suis à vous.

— Mais enfin?

— Un enlèvement.

Son visage changea soudain, et prit l'expression de la colère, et je crus que, n'étant plus
maître de soi-même, il s'allait jeter sur moi.

— Vous moquez-vous? dit-il, je vous ai conté
ma fâcheuse histoire, l'absurde événement qui
pèse encore sur moi, et vous avez le front de
m'inviter à prendre part à un enlèvement.

— Je vous prie de ne vous point fâcher et de
me laisser achever : cet enlèvement, il n'y a pas
lieu de le faciliter, mais, tout au contraire, d'y
faire obstacle.

Il se radoucit un peu, mais non sans qu'il
gardât encore de l'inquiétude.

— J'ai juré de ne me plus mêler des affaires
d'autrui.

— M'accorderez-vous la grâce de m'écouter?
Je me fie à l'homme d'honneur que vous êtes
et qui ne saurait désapprouver mon dessein.

Tout en grommelant encore, il finit par me permettre de parler, et je le mis au fait de tout ce que j'avais appris.

— N'importe-t-il pas, lui dis-je, d'entraver un aussi exécrable forfait?

Il en convint.

— Ce Fontpeydrouze, fit-il, est un monstre : il faut le supprimer. Allons de ce pas le provoquer, je vous laisserai le plaisir de lui couper la gorge, et, au cas que vous receviez par traîtrise quelque mauvais coup, je me charge de le châtier.

Ce fut à moi de modérer la véhémence de M. de Rocquemont, en lui représentant que cette justice sommaire serait inopportune, que le coupable devait être puni dans le moment même où il tenterait d'accomplir son acte criminel, que, au surplus, M. de Fontpeydrouze ayant fait part de son projet à des coquins, d'autres, après lui, pourraient le reprendre pour leur compte. J'eus quelque peine à amener le bon M. de Rocquemont à plus de patience.

— Enfin, me demanda-t-il, comment entendez-vous vous opposer à la noirceur de ce complot?

Je ne laissai pas que d'être embarrassé pour lui répondre. Il était bien certain que j'étais disposé à payer largement de ma personne, mais la moindre faute risquait de donner l'éveil à ces misérables et de tout compromettre. M. de Rocquemont fut d'avis que nous nous cachions dans la rue des Anges et que, dans l'instant où ils paraîtraient, nous nous précipitâmes sur eux, l'épée nue.

J'observai que, dans ces circonstances, il y aurait du bruit, que Mlle Angélique en serait alarmée, et que je tenais particulièrement à ce qu'elle me connût jamais ni le péril auquel elle aurait été exposée, ni la part que j'aurais eue à l'en préserver. Quoi qu'il arrivât, je priai M. de Rocquemont d'engager sa parole à se taire sur ce point. Il m'eût paru déplaisant de faire valoir un dévouement que j'estimais si naturel.

— On respectera donc ce beau souci de chevalerie, me dit-il, mais, de toute façon, comptez sur moi.

Et il ajouta, en souriant, que ce serait pour lui une manière de revanche : ayant cruellement pâti pour s'être prêté à un enlèvement, il serait bien aise d'en contrarier un autre.

Nous prîmes rendez-vous pour le lendemain, ce qui me donnait le loisir de former dans mon esprit des vues arrêtées, que je lui communiquerais. Elles se dessinèrent pendant la nuit, et, encore qu'elles ne fussent pas dépourvues de romanesque, j'en fus assez content. Ce stratagème aurait de grandes chances d'éviter que ce bruit, que je redoutais pour Mlle Angélique, parvînt jusqu'à elle.

J'instruisis M. de Rocquemont, du résultat de mes méditations ; il s'en amusa, du fait même qu'il avait des côtés aventureux, et, somme toute, l'approuva. Nous avions un jour encore pour la préparation du plan que j'avais conçu. Je me renseignai : il était exact que M. Sellon fût parti pour un bref voyage d'affaires. J'étudiai les lieux qui devaient être le théâtre de l'action, en parcourant la rue des Anges ; puis vous eussiez été bien surpris, Monsieur, de me voir en conversation avec une fripière, qui me vendit une mante et une coiffe. Un petit garçon, qui sert à l'hôtel où je loge, et à qui j'avais parlé d'une plaisanterie, se chargea de cacher ces hardes, jusqu'au moment où je les lui ferais porter à l'endroit que je lui indiquerais. Ce garçon est intelligent, et je lui destinais, en effet, à lui aussi, un rôle, sans qu'il eût à en savoir la portée. Désormais, l'attente me paraissait pénible.

Nous touchions enfin au moment décisif, et je me sentais plein d'impatience. A trois heures, je priai M. de Rocquemont à dîner. Il montra une bonne humeur qu'il n'avait pas témoignée depuis longtemps. Sa misanthropie s'évanouissait dans l'espoir d'agir. Nous nous entretînmes de toutes les éventualités qui se pouvaient produire. Il fut entendu que, au jour baissant, il se tiendrait dissimulé dans la rue des Anges, non loin de la petite porte, dont on fait peu usage, du jardin de M. Sellon, mais qu'il ne bougerait, quoi qu'il vît, qu'à mon appel. Il me montra une paire de pistolets qu'il avait apportés. Je lui demandai de ne s'en point servir, pour que leur détonation n'inquiétât pas Mlle Angélique et n'attirât pas la police. Nous devions régler les choses nous-mêmes avec ces coquins.

— Pardieu, fit-il, j'aime mieux cela : l'épée est l'arme que je préfère.

Je crois, à la vérité, qu'il avait une hâte pareille à la mienne de l'instant d'intervenir.

Vers cinq heures, je me fis annoncer à Mlle Angélique. Il faisait un temps fort beau. Comme je l'avais prévu, elle me convia à venir nous asseoir dans le jardin. Elle me dit que la saison était si clémente, qu'elle y restait souvent jusqu'à une heure avancée. C'était là le point délicat, mais j'avais pris mes dispositions à ce sujet. J'affectai une parfaite insouciance, et j'en poussai peut-être un peu loin l'apparence, car elle la remarqua.

— Etes-vous donc, me dit-elle, sur le point de vous jeter dans une de ces grandes aventures que vous souhaitez tant?

Je répondis qu'il n'en était rien, mais que le charme de sa compagnie et ces jours ensoleillés, répit que donnait la nature, au delà de ce qu'elle devait, selon les règles des saisons, m'incitaient à m'estimer heureux. Nous en vînmes à parler des choses du jour et des grandes discussions que soulevait la tragédie des *Druides* et qui se prolongeaient. Elle me blâma amicalement de n'avoir pas d'opinion, non sur la tragédie elle-même, mais sur les idées qu'elle agitait et qui s'élevaient contre l'intolérance.

— Il est plaisant, fit-elle, qu'on ait reproché à M. Le Blanc, de n'avoir pas mis des chrétiens dans les Gaules au temps de César. Pour moi, ajouta-t-elle, j'ai été élevée de telle sorte, grâce à l'esprit libéral de mon père, que j'ai en horreur tout fanatisme, et, par là, sans connaître l'auteur, je serais du parti de ses amis, qui sont, au demeurant, les gens les plus estimables du monde. Allez voir cette pièce, et nous jugerons de vos tendances.

Je répliquai que j'étais d'avance de son avis, car je lui reconnaissais les façons de penser les plus saines. Sur quoi, elle me querella en riant, parce que je répondais sur une question importante, par un compliment, encore que les fadeurs ne fussent point, habituellement, de mon fait. Mais elle voulait que chacun eût librement sa manière de voir. Malgré mon application à prendre un air dégagé, les *Druides* étaient fort loin de mes préoccupations. Je jetais, parfois, un coup d'œil rapide vers un buisson du jardin ; je n'eus de satisfaction que lorsque j'y aperçus un objet auquel j'étais seul à pouvoir prêter attention. Les derniers feux du soleil avaient disparu ; elle avait suivi des yeux son évanouissement dans un ciel dont la pourpre pâlissait, maintenant, et se fondait peu à peu.

— Hélas, fit-elle, la nuit vient vite, à présent. Ne semble-t-il pas que le spectacle de l'astre, mourant dans sa gloire, soit plus imposant qu'aux jours d'été, où se prolonge cette sublime agonie ?

L'ombre nous gagnait, en effet. Elle s'étendait autour de nous. Je n'étais pas sans anxiété. J'avais chargé le petit garçon que j'employais à mon service d'une mission d'où dépendait en partie le succès de mon entreprise. Il était vrai qu'il eût jeté adroitement le paquet de hardes dans le jardin, à l'endroit désigné par moi, mais je lui avais recommandé de se présenter, à cette heure-ci, dans la maison de M. Sellon, et, après avoir demandé à parler à Mlle Angélique, de répéter mot pour mot la leçon que je lui avais faite.

Cette leçon consistait en ceci, qu'il était censé venir de la part de M. Sellon, pour announcer qu'il était possible que celui-ci revînt plutôt qu'il ne l'avait pensé.

Une femme de chambre prévint, en effet, Mlle Angélique qu'on l'attendait, et elle quitta le jardin. C'est ce que j'avais souhaité. Je savais qu'elle avait accoutumé de veiller à tout et qu'elle voudrait elle-même s'occuper de faire préparer quelque collation pour son père, se retrouvant chez lui. Elle me traitait avec assez de familiarité pour penser que je la rejoindrais, au cas où elle s'attarderait.

J'avais atteint mon but. J'étais seul. Je me hâtai vers le buisson où était disposé le paquet de hardes, je m'enveloppai de la mante, et me coiffai du bonnet, puis je me vins asseoir à la place même qu'avait quittée Mlle Angélique. Je vous ferai confidence que le cœur me battait fort. Si M. de Fontpeydrouze avait différé ce rapt, si les choses ne se passaient point telles que je les avais prévues ?... Mais je n'eus pas longtemps à attendre. La nuit était tout à fait venue, sans qu'elle fût encore épaisse. Je vis soudain apparaître trois hommes sur le mur ; ils sautèrent prestement dans le jardin, se dirigèrent de mon côté et, me prenant pour Mlle Angélique, se saisirent rudement de moi.

— Va, ma petite, dit grossièrement un de ces malandrins, on te consolera par des baisers.

Il était dans ma politique de ne point opposer de résistance, je poussai seulement un léger cri, feignant l'effroi d'une telle audace. Ces hommes me hissèrent, d'une façon fort brutale, au sommet du mur, et, me tenant solidement, me jetèrent dans la rue, où d'autres me recueillirent et m'emportèrent dans leurs bras. C'était sur cela même que j'avais compté.

Il était convenu avec M. de Rocquemont qu'il me laisserait ainsi enlever et qu'il n'accourrait qu'à mon appel, ayant gardé mon épée, qu'il me donnerait alors. Sa sollicitude à mon égard faillit tout gâter. Les ravisseurs étaient, alors, cinq ou six. Il craignit que je ne fusse point de force à lutter contre eux ; il ne put se retenir, et il fondit bravement sur cette troupe, surprise d'être découverte.

— Dépêchez, cria M. de Fontpeydrouze, qui se tenait à la portière du carrosse, de telle sorte qu'il put aider à m'enfermer dans cette voiture et y entrer rapidement à son tour. Le cocher tenait les rênes en mains, prêt à fouetter ses chevaux. Il s'en fallut de peu que je ne fusse véritablement enlevé à la barbe de M. de Rocquemont, qui avait agi trop tôt. Mais, à ce moment, je me débattis avec une vigueur qui dérouta ceux qui pensaient emmener une femme inanimée, et je repris pied.

— Saisissez-la, marauds ! dit M. de Fontpeydrouze, ne la laissez pas s'échapper.

Lui-même s'avança vers moi. Je ne saurais vous peindre sa stupeur quand il me vit me débarrasser de ma mante et de mon bonnet, et qu'il se trouva en face d'un homme dont la contenance n'était pas celle de la peur. Ses sicaires n'étaient pas moins étonnés que lui de cette apparition imprévue et eurent une minute d'hésitation. Ils avaient d'ailleurs à se défendre contre M. de Rocquemont, qui les attaquait avec une furieuse ardeur, avait gagné du terrain et avait pu me tendre mon épée.

— Vous avez mal engagé la partie, dis-je à M. de Fontpeydrouze.

Mais il me reconnut, revint de son ébahissement et me répondit que j'étais bien hardi de troubler ses affaires. Un tel dépit se lisait sur son visage que je ne pus me garder de sourire. A ce dépit succéda pourtant l'expression de la plus violente colère, pour avoir été ainsi joué. Il exhorta ses compagnons à me serrer de près et leur dit qu'il importait à leur salut qu'ils me laissassent pour mort sur la place. Mais ils étaient déjà fort occupés par M. de Rocquemont, qui se conduisait le plus vaillamment du monde ayant retrouvé la solidité de son bras, et les tenait en respect. Il était pourtant trop loyal pour imaginer la traîtrise dont on usa à son égard. M. de Fontpeydrouze fit un signe au cocher, qui descendit du siège du carrosse, et, avec l'expérience d'un criminel avéré, jeta un grand manteau sur M. de Rocquemont, qui le couvrit entièrement. Avant qu'il eût eu le temps de s'en débarrasser, deux de ces misérables, lâches devant une épée, employèrent toutes leurs forces à nouer ce manteau sur lui, de telle sorte qu'il fût paralysé. Délivrés d'un adversaire redoutable, ainsi aveuglé et maintenu, les autres m'assaillirent avec plus d'impétuosité ; ils avaient cru la besogne plus facile, et ils n'avaient pas prévu ce combat, mais ils comprenaient qu'ils couraient le risque d'être dénoncés, supposé que je pusse me soustraire à leur attaque. C'était la raison de leur acharnement. Cependant, je me sentais plein de vigueur. J'étais parvenu, peu à peu, à m'appuyer sur le carrosse et je repoussais leurs assauts conjurés...

Mais, Monsieur, je vous ferai l'aveu que j'éprouve quelque fatigue à vous écrire cette lettre, et cette fatigue s'expliquera par tout ce que j'ai encore à vous mander. Je vous prie de me permettre d'ajourner au prochain courrier la suite de ce récit.

XXIV

L'Aventure (*suite*)

Ce 22 Novembre 1772.

Peut-être aurez-vous eu quelque impatience à attendre la fin de cette aventure (car, cette fois, c'en est bien une). J'en reprends la narration.

Pendant que le pauvre M. de Rocquemont se débattait vainement sous le manteau qui le rendait prisonnier, je bataillais donc contre ces coquins, que la peur de la police rendait braves et qui, encouragés par M. de Fontpeydrouze, avaient juré de m'expédier au plus vite. Ils étaient animés aussi par la fureur d'avoir manqué une expédition qui leur devait être profitable. J'avais assurément affaire à forte partie, mais l'entrain et la résolution ne me manquaient point, non plus que le coup d'œil. J'esquivais les coups, et j'en portais. La lutte fut longue, mais je blessai deux de mes assaillants assez sérieusement pour qu'ils renonçassent à continuer le jeu. J'étais surpris que M. de Fontpeydrouze ne vînt pas à leur aide ; il me sembla même qu'il avait disparu. Le troisième de mes adversaires, plus déterminé que les autres, s'entêta, chercha (il était expert en armes) à me prendre en défaut, mais n'ayant pu réussir, il mollit, se découragea, se pensa plus menacé qu'il n'avait cru l'être, et s'enfuit, en disant de moi : « C'est le diable, que celui-là ! » Je m'estimais maître du terrain, mais je n'avais pas eu la prudence de veiller à tout. Dans le temps que je soufflais un peu, M. de Fontpeydrouze était entré dans le carrosse par la portière opposée à celle contre laquelle j'étais appuyé. Il se trouva ainsi me dominer un moment, se pencha, et trop vil pour employer une épée, me plongea dans la poitrine une sorte de grand couteau. Le coup fut à ce point violent que je tombai sur le sol. Le cocher était remonté sur son siège, les bandits (ceux, du moins, qui n'avaient pas déjà gagné au large) envahirent, aux côtés de leur chef, le carrosse qui s'éloigna à grand train.

M. de Rocquemont avait pu, enfin, se délivrer. Je l'entendis, quelle que fût ma faiblesse, se répandre en d'effroyables jurements. Quoiqu'encapuchonné, comme il l'était, il avait pu suivre par le bruit, les phases de la bataille, et la fuite des agresseurs lui en disait l'issue.

— Bravo, monsieur, me cria-t-il, vous avez fait des prodiges !

Mais il demeura soudain consterné en m'apercevant étendu à terre, couvert de sang.

— Grands dieux ! fit-il, ils vous ont assassiné ! Et avec quelle arme, un couteau !

Il essaya d'arrêter, avec les moyens que lui donnait son expérience de soldat, le flot de sang, mais la plaie était profonde. Au demeurant, à ce moment, je perdis les sens. J'ai su, depuis, tout ce qu'il fit pour moi, avec décision. La rue des Anges avait été déserte, pendant ces événements, mais quelqu'un pouvait passer, ou quelque ronde du guet était dans le cas d'avoir la curiosité de s'engager dans cette rue. Avec mille précautions, il me porta jusqu'au renfoncement que faisait la petite porte du jardin de M. Sellon. Il eût été dangereux, dans l'état où m'avait mis cette blessure, de m'exposer à plus de heurts. Puis il prit son parti, en songeant à la nécessité des soins dont j'avais besoin sans délai. Il me dit qu'il avait balancé un instant, se souvenant que je lui avais fait promettre de ne rien révéler de mon action pour conjurer le péril couru par Mlle Angélique, mais il avait pensé qu'il valait encore mieux manquer à cette promesse que de me laisser mourir. Peut-être quelque ingénieux moyen lui viendrait-il à l'esprit, pour déguiser la vérité. Il fit donc le tour du jardin et alla frapper à la porte de la rue Saint-Benoît. Introduit auprès de Mlle Angélique, il lui dit seulement que j'avais été gravement blessé près de sa maison et qu'il demandait pour moi du secours. La nouvelle qu'il apportait, le visage altéré, alarma fort cette charmante fille, qui donna aussitôt des ordres, dont elle voulut elle-même surveiller l'exécution, pour qu'on me transportât dans une chambre qu'elle fit en hâte aménager. Elle précéda les domestiques qui, passant par le jardin, prenaient au plus court pour arriver jusqu'à moi. Elle fut admirable de sang-froid. J'étais alors inanimé ; elle me fit, tout d'abord, une manière de pansement. On m'étendit sur un lit, dans l'attente du chirurgien qu'on avait mandé.

Le bon M. de Rocquemont se désespérait, et il répétait que si j'avais été ainsi mis à mal, c'était de sa faute, parce qu'il n'avait pas su prévoir l'abominable stratagème qui l'avait empêché de me défendre, encore qu'il eût pour moi l'amitié la plus vive. Pressé de questions, il n'y voulait point répondre cependant, par scrupule. Le chirurgien déclara que la blessure lui paraissait fort sérieuse, et qu'il ne pouvait, dans le moment, exprimer un avis, et, qu'il réclamait l'assistance de deux de ses confrères, qui furent les docteurs Pajou de Moncets et Le Thieullier, fort habiles en leur art. C'est par ce que j'appris plus tard que je vous rapporte ceci, car il se passa plusieurs jours pendant lesquels mon sort fut incertain, et dont je ne puis avoir gardé le souvenir.

La petite ruse que j'avais employée pour éloigner Mlle Angélique du jardin se trouva être d'accord avec la vérité. M. Sellon revint, en effet, plus tôt qu'il n'avait pensé le faire, et il s'émut fort de la gravité de ma situation. Il dit qu'il s'intéressait extrêmement à moi et qu'il ne fallait rien ménager pour tenter de me sauver. Il loua Mlle Angélique des dispositions qu'elle avait prises, et se félicita qu'on m'eût conduit chez lui. Mais les discours que tenait M. de Rocquemont étaient à ce point énigmatiques que M. Sellon le somma de s'expliquer sur les causes de cet accident, et M. de Rocquemont, non sans inquiétude de trahir le secret que je lui avais imposé, mais à bout d'arguments, lui conta toute l'histoire du rapt prémédité par M. de Fontpeydrouze et de la résolution que j'avais prise de le prévenir, à son insu.

— Le pauvre enfant ! dit-il, il n'était point brave qu'en paroles !

Telle était l'amertume de M. de Rocquemont de n'avoir pu, garrotté comme il l'avait été par surprise, intervenir à temps, qu'il le fallait consoler et réconforter lui-même.

Cependant, la science des chirurgiens, aidée par la nature, put vaincre le mal. On assura, après des périodes qui laissaient encore le doute, que, s'il ne survenait point de fâcheux hasard, je me tirerais d'affaire. Quand je rouvris les yeux, j'aperçus à mon chevet, Mlle Angélique. Je crus être encore dans le délire, mais c'était un délire que j'eusse souhaité. Elle passa doucement la main sur mon front, pour voir si la fièvre s'était apaisée. Elle avait ce sourire délicieux qui s'esquisse, encore timidement, après des inquiétudes à peine dissipées. La mémoire ne me revenait que lentement, et je m'efforçais de rassembler mes esprits, mais, pour m'éclairer tout à fait, j'avais besoin de poser quelques questions.

— Pas encore, me dit-elle, reposez-vous. Grâce au ciel, nous n'avons plus de tourments à votre sujet.

Bien que je fusse dans un grand état de faiblesse, je me rendais compte de sa persistance à me prodiguer ses soins. Quand je me réveillais, après m'être assoupi, c'était son visage que je reconnaissais, et elle avait aussitôt les paroles les plus douces et les plus propres à m'inviter à la patience. Avec un zèle qui ne se lassait point, M. de Rocquemont venait s'enquérir de mes nouvelles : il avait passé bien des nuits à veiller auprès de mon lit. Je sentais aussi l'intérêt discret, mais constant, que me témoignait M. Sellon, qui protestait qu'il ne me voulait point imposer de fatigue en conversant avec moi, mais qui ordonnait tout ce qui pouvait contribuer à ma guérison, dont il suivait avec bonté les progrès, encourageant les attentions dont j'étais l'objet de la part de Mlle Angélique. Le moment vint où je sortis d'un long abattement, où quelques forces me revinrent.

— Mon cher ami, me dit M. Sellon, quelle

reconnaissance nous vous devons ! A quels périls vous exposâtes-vous pour nous défendre !

— Hé quoi, monsieur, répondis-je, qu'imaginez-vous ? J'eux l'imprudence de me battre avec un malhonnête homme, à la suite d'une querelle.

Il sourit :

— Nous sommes instruits de votre dévouement pour nous.

Je tournai les yeux vers M. de Rocquemont, qui paraissait fort contrit.

— Oui, fit-il, je suis coupable, d'avoir manqué à l'engagement que j'avais pris, mais ma maladresse à me laisser ficeler par ces drôles, ce qui m'empêcha de prévenir le coup qui vous fut porté, m'avait désespéré, et peut-être fût-ce pour m'accuser plus cruellement que je dévoilai la générosité de votre entreprise. Il faut que j'aie bien de la malchance, aussi. Prétendre se servir d'une arme noble avec ces coupe-jarrets, c'était la faute...

— De votre loyauté, dis-je, en lui serrant la main, et je vis, tout d'abord, cependant que vous alliez si allégrement à l'attaque, ce que pouvait votre courage.

Il fut à ce point touché que je lui évitasse les reproches, qui eussent été trop tardifs, que les larmes lui vinrent aux yeux.

Puis ce furent, Monsieur, tandis que, ma plaie s'étant fermée, je me sentais renaître, en quelque sorte, des jours délicieux. Mlle Angélique, dans l'attente que je pusse me lever, voulait bien me tenir compagnie. Elle m'obligea à lui rapporter les circonstances qui m'avaient permis d'être au fait du complot de M. de Fontpeydrouze, elle m'écoutait avec un intérêt qui attestait toute sa sensibilité. Je lui dis que si j'avais été assez heureux pour détourner d'elle un danger, c'était à elle, à l'ingéniosité et à la patience de ses soins que je devais d'être revenu à la vie. Quelle grâce est en cette adorable personne, et dans son accent de sincérité ! Comment n'eussé-je point été gagné par son charme, et je me permis de lui avouer que je redoutais le moment, que je sentais maintenant trop proche, où les médecins ne feraient pas opposition à me rendre la liberté. Ce fut avec un sourire exquis qu'elle me répondit qu'il dépendait de moi que cette liberté ne m'éloignât pas d'elle. Chez Mlle Angélique, il n'y a point de ces coquetteries qui sont habituels artifices féminins : elle est toute franchise. Pendant ces heures de longues causeries, j'avais pu connaître la beauté et la délicatesse de son cœur. M. Sellon survenait parfois ; il s'asseyait près de nous, et il me semblait que, moi aussi, il me considérât paternellement.

— Vous avez eu, me dit-il un jour, l'aventure que vous désiriez : elle vous tient quitte des autres, et puisque, Dieu merci, vous voici sain et sauf, il est temps de songer à votre avenir.

Je me contrains à abréger, Monsieur, car je suis dans de tels transports de joie que je laisserais volontiers ma plume courir pour vous raconter la suite des événements qui viennent de décider de ma vie. Je ne pus me garder de confesser à Mlle Angélique les sentiments que j'éprouvais pour elle, et qui, à la vérité, bien que je ne les eusse point alors démêlés clairement, étaient nés dès que je l'avais entrevue. Elle me dit, cependant que ces beaux et purs regards se tournaient vers moi, que j'avais bien gagné le droit d'exprimer ce que je pensais, et qu'elle était assurée que M. Sellon ne ferait aucunement obstacle à mes vœux. Notre union fut, en effet, décidée.

De quelque bonheur que je sois pénétré, il me reste pourtant, Monsieur, des scrupules à votre égard. Ce mariage bourgeois ne heurte-t-il pas les vues que vous aviez pour moi ? Il faut vous annoncer encore, et je ne le fais pas sans quelque confusion, que le respectable M. Sellon, le plus tendre des pères, a promis à sa fille, après avoir lui-même poussé mon instruction, de m'associer à ses affaires.

— Rappelez-vous, me dit Mlle Angélique, avec cet enjouement ravissant, qui s'allie au sérieux de son caractère, ce jour où je vous obligeai à aligner des chiffres auprès de moi. Ne vous avais-je point assuré que je reconnaissais en vous des dispositions qui pourraient être cultivées ?

Mais je ne saurais oublier, si j'ai trouvé ce que je n'osais chercher, les bontés que vous eûtes pour moi. Je n'ai pas manqué d'en parler. D'après le portrait que je fis de vous, on vous aime déjà, et ce sera bientôt, si vous le permettez, la plus séduisante personne du monde qui aura plaisir à vous le répéter, de vive voix et en vous embrassant de bon cœur.

TABLE DES MATIERES

ACHEVÉ D'IMPRIMER LE VINGT
SEPT JUIN MIL NEUF CENT VINGT
HUIT, SUR LES PRESSES DE
L'IMPRIMERIE RAMLOT ET Cⁱᵉ.
POUR LE COMPTE DES
ÉDITIONS BAUDINIÈRE.

9 782329 565583